캐릭터로 이해하는

미생물 도감

스즈키 도모노리 지음 ○ 김한나 옮김

생각의집

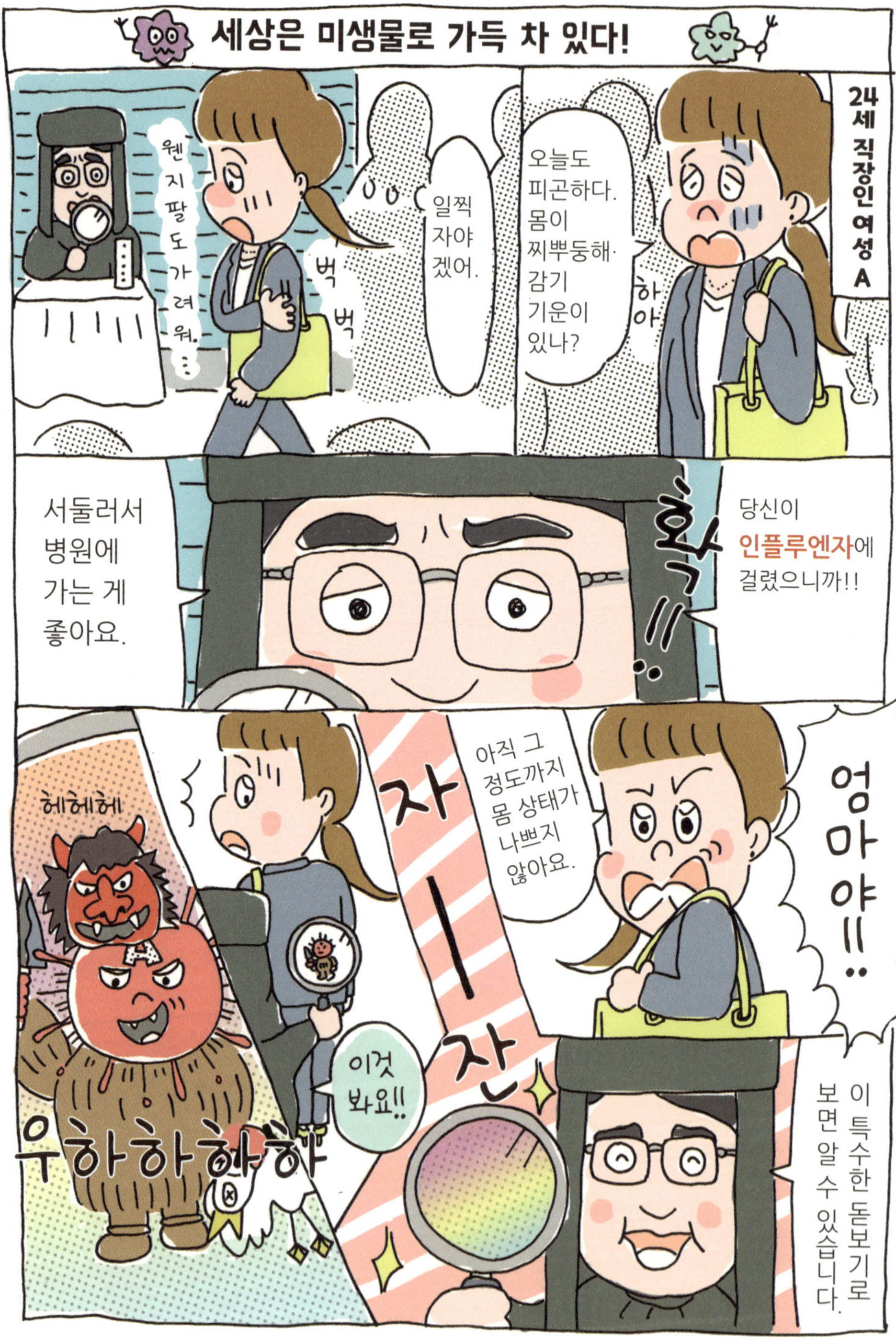

세상은 미생물로 가득 차 있다!
24세 직장인 여성 A
웬지 팔도 가려워...
벅 벅
일찍 자야 겠어.
오늘도 피곤하다. 몸이 찌뿌둥해. 감기 기운이 있나?
하아
서둘러서 병원에 가는 게 좋아요.
확!!
당신이 인플루엔자에 걸렸으니까!!
엄마야!!
아직 그 정도까지 몸 상태가 나쁘지 않아요.
자-잔
이 특수한 돋보기로 보면 알 수 있습니다.
이것 봐요!!
헤헤헤
우하하하하

미생물 만화 **세상은 미생물로 가득 차 있다!**

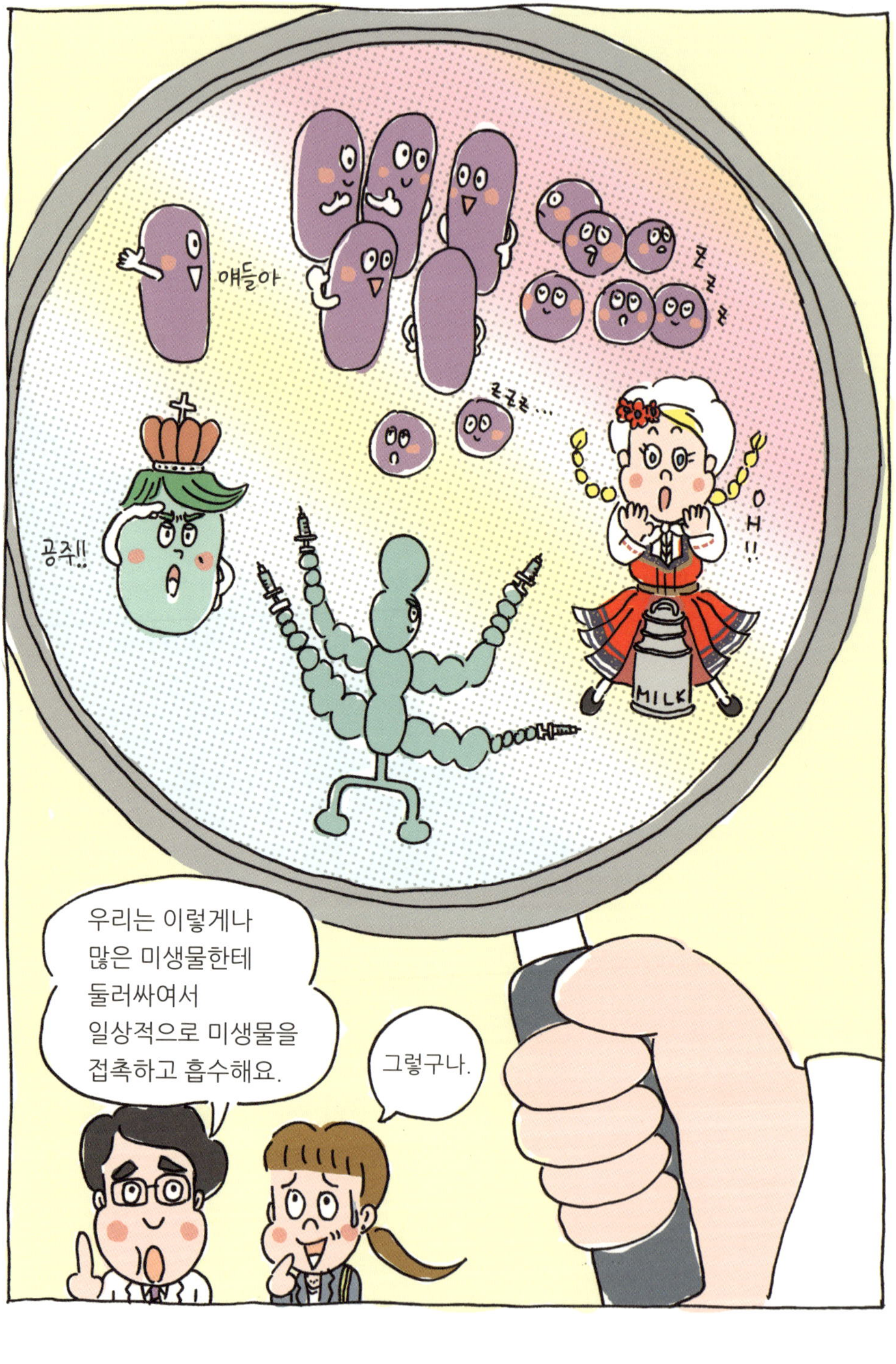
얘들아
ㄹㄹㄹ
ㄹㄹㄹ…
공주!!
OH!!
MILK
우리는 이렇게나
많은 미생물한테
둘러싸여서
일상적으로 미생물을
접촉하고 흡수해요.
그렇구나.

미생물 만화 **세상은 미생물로 가득 차 있다!**

시작하며

상상을 초월한 미생물의 세계를 들여다보자!

미생물이란 무엇일까요? 과학적인 정의가 있을까요? 사실은 인간의 눈에 보이지 않는 상태가 평생의 대부분을 차지하는 생물을 미생물이라고 하며 과학적인 정의는 전혀 없습니다.

세균의 크기는 약 1 마이크로미터(μm)로 육안으로는 도저히 볼 수 없지만 분열 증식을 계속하면 결국 육안으로도 관찰할 수 있는 콜로니를 형성합니다. 그러나 세균의 일생으로 보면 콜로니를 만드는 기간은 아주 짧아서 세균은 미생물로 불립니다. 또한 버섯은 아무런 문제 없이 눈으로 볼 수 있는 크기지만 이 버섯을 눈으로 볼 수 있는 기간은 순식간이며 일생의 대부분은 눈으로 볼 수 없을 만큼 매우 가는 균사로 자랍니다.

인간은 눈으로 볼 수 없는 정자와 난자가 합체해서 수정란이 되어 탄생합니다. 하지만 눈에 보이지 않는 기간은 순식간에 지나가서 나머지는 당연히 눈으로 볼 수 있는 크기로 평생을 보내기 때문에 미생물이 아니에요. 이처럼 미생물이라는 말 자체에는 모호한 부분이 있지만 세균, 고세균, 진균 등으로 불리는 진화적인 조직을 가진, 다시 말해 과학적인 정의가 확실한 생물이 포함됩니다.

이러한 미생물에 대하여 여러분은 어떤 이미지가 느껴지나요? 학교에서는 사체나 배설물의 분해자라고 배웠을 겁니다. 그 때문에 매우 평범해서 별로 눈길을 끌지 못하는 생물이라는 인상을 받을 수 있어요. 또 식중독이나 부패의 원인이 되는 생물로 아주 나쁜 이미지로 생각될 수 있어요. 그와 반대로 요구르트, 치즈, 장아찌, 낫토, 발효주, 맥주 등의 발효 식품을 만들어주는 생물로서 좋은 이미지를 느낄 수 있습니다.

이 책에서는 이러한 기존의 이미지 그대로인 미생물도 잔뜩 나오지만 전혀 상상하지도 못한 미생물도 많이 나옵니다. 실제로 이런 미생물이야말로 지구 환경과 인간의 몸에 중요한 역할을 담당합니다. 그건 어떤 미생물일까요? 자, 미생물의 세계를 들여다봅시다!!

일본 도쿄이과대학교 교수 **스즈키 도모노리**

목차

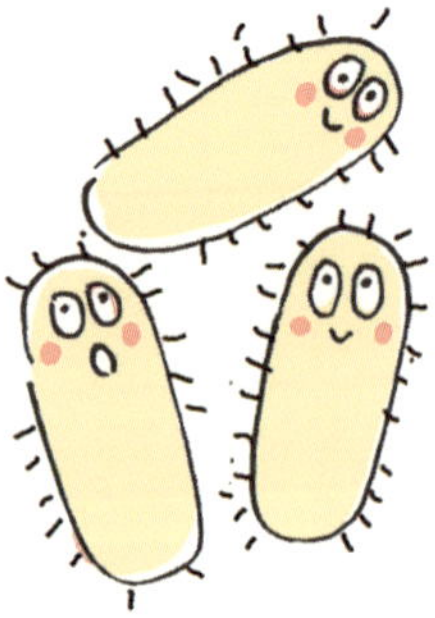

제 2 장

늘 함께 있는 미생물

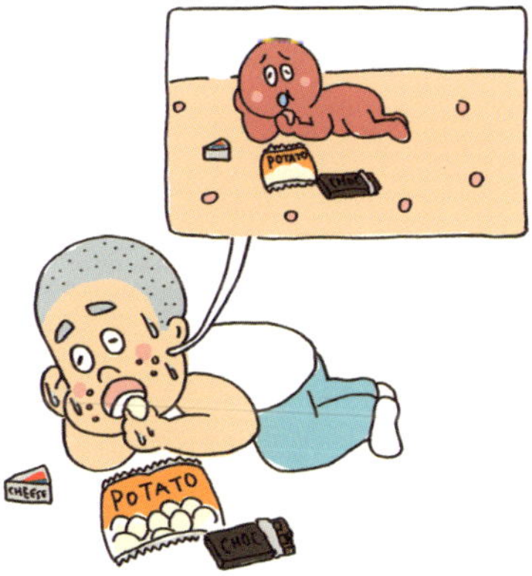

제 3 장 마주치고 싶지 않은 미생물

제 4 장 맛있는 미생물

제 5 장 환경에 관여하는 미생물

제 6 장 의료를 지원하는 미생물

제 7 장 미생물계의 유망주들

이 책을 보는 방법

이 책에서는 세균 및 고세균, 진균, 바이러스의 특징을 일러스트로 표현했습니다.
30쪽부터 시작되는 미생물 페이지의 보는 방법을 소개합니다.

미생물의 대표적인 특징을 일러스트화

재밌는 일러스트로 특징을 소개

미생물의 성질과 우리 생활과의 관계를 소개

본문의 내용 보충과 세균 사진을 수록

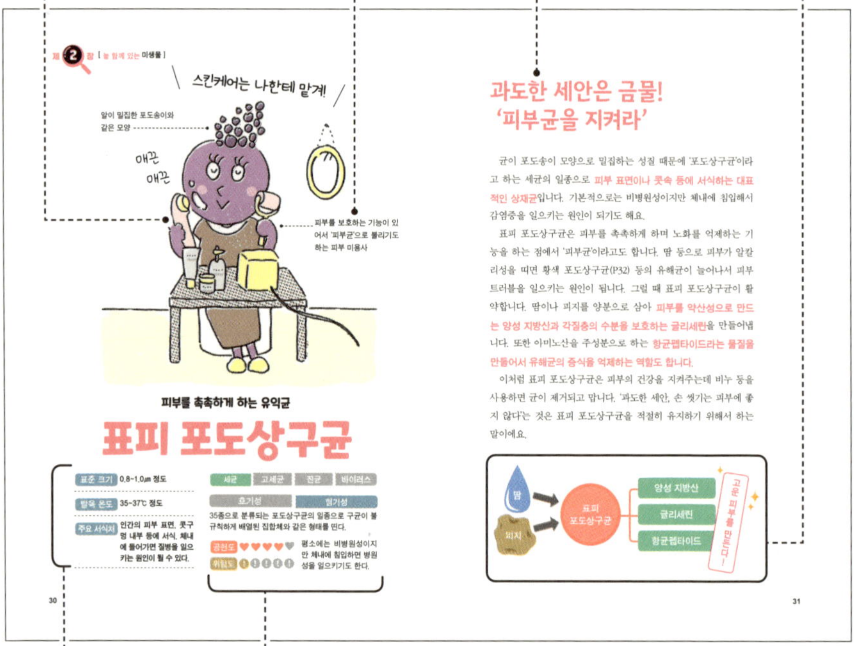

제 2 장 [늘 함께 있는 미생물]

스킨케어는 나한테 맡겨!
알이 밀집한 포도송이와 같은 모양
매끈 매끈
피부를 보호하는 기능이 있어서 '피부균'으로 불리기도 하는 피부 미용사

피부를 촉촉하게 하는 유익균

표피 포도상구균

표준 크기 0.8~1.0㎛ 정도

발육 온도 35~37℃ 정도

주요 서식처 인간의 피부 표면, 콧구멍 내부 등에 서식. 체내에 들어가면 질병을 일으키는 원인이 될 수 있다.

세균 고세균 진균 바이러스

호기성 혐기성

35종으로 분류되는 포도상구균의 일종으로 구균이 불규칙하게 배열된 집합체와 같은 형태를 띤다.

공헌도 ♥♥♥♥♥

위험도 ❗❗❗❗❗

평소에는 비병원성이지만 체내에 침입하면 병원성을 일으키기도 한다.

30

과도한 세안은 금물! '피부균을 지켜라'

균이 포도송이 모양으로 밀집하는 성질 때문에 '포도상구균'이라고 하는 세균의 일종으로 피부 표면이나 콧속 등에 서식하는 대표적인 상재균입니다. 기본적으로는 비병원성이지만 체내에 침입해서 감염증을 일으키는 원인이 되기도 해요.

표피 포도상구균은 피부를 촉촉하게 하며 노화를 억제하는 기능을 하는 점에서 '피부균'이라고도 합니다. 땀 등으로 피부가 알칼리성을 띠면 황색 포도상구균(P32) 등의 유해균이 늘어나서 피부 트러블을 일으키는 원인이 됩니다. 그럴 때 표피 포도상구균이 활약합니다. 땀이나 피지를 양분으로 삼아 피부를 약산성으로 만드는 양성 지방산과 각질층의 수분을 보호하는 글리세린을 만들어냅니다. 또한 아미노산을 주성분으로 하는 항균펩타이드라는 물질을 만들어서 유해균의 증식을 억제하는 역할도 합니다.

이처럼 표피 포도상구균은 피부의 건강을 지켜주는데 비누 등을 사용하면 균이 제거되고 맙니다. '과도한 세안, 손 씻기는 피부에 좋지 않다'는 것은 표피 포도상구균을 적절히 유지하기 위해서 하는 말이에요.

땀
피지
표피 포도상구균
양성 지방산
글리세린
항균펩타이드
고운 피부를 만들다!

31

표준 크기 대략적인 크기. A×B는 타원이나 길쭉한 형태 등의 A가 짧은 쪽, B가 긴 쪽인 크기.

발육 온도 세균이나 진균 등이 쉽게 발육할 수 있는 온도의 기준. 기본적으로 바이러스에는 없다.

주요 서식처 미생물과 바이러스가 있는 대표적인 장소나 특징적인 장소.

세균 고세균 진균 바이러스 세균이나 진균 등 미생물의 분류

호기성 혐기성 산소가 있는 상태에서 서식할 수 있는지를 분류

공헌도 ♥♥♥♥♥ 의료나 식문화 등의 분야에서 인류에게 얼마나 공헌했는지 5단계로 평가

위험도 ❗❗❗❗❗ 독성이나 감염력의 강도 등으로 인류에 대한 위험성을 5단계로 평가

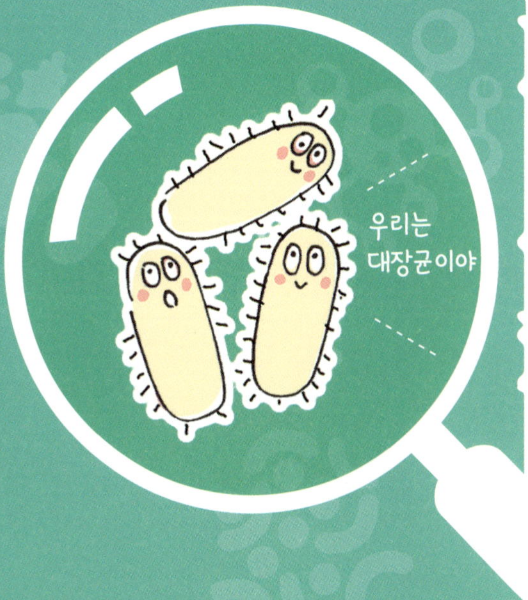

제 1 장

미생물의 기본

세균, 진균, 바이러스의 특징 및 차이 등 맨 처음에 알아두어야 할 기본적인 내용을 간단히 설명하겠습니다.

미생물의 기초 지식① 크기

눈에 보이지 않지만 살아 있다!

미생물은 작은 세계의 주민들

지구상에는 우리가 육안으로 볼 수 있는 동식물의 세계와는 달리 매우 작은 '미생물의 세계'가 존재합니다. 이를테면 잘 경작된 밭의 흙을 작은 숟가락으로 떠서 현미경으로 들여다보면 거기에는 100억 개에 가까운 미생물이 사는 것을 발견할 수 있어요.

그 밖에도 공기 중의 먼지에 섞여 있는 것, 인간의 피부나 몸속에 서식하는 것, 바다나 연못에서 헤엄치는 것 등 여러 가지 미생물이 모든 장소에서 생활하고 있습니다.

이러한 미생물에는 세균, 진균, 고세균 등의 종류가 있으며 관찰할 때는 밀리미터보다 더 작은 **마이크로미터(μm)**의 크기를 볼 수 있는 광학현미경이 사용됩니다.

또한 매우 작은 존재로 바이러스도 있습니다. 바이러스는 미생물보다도 훨씬 작기 때문에 **관찰할 때는 마이크로미터보다 훨씬 작은 나노미터(nm)의 세계를 볼 수 있는 전자현미경을 사용해요.** '일상 속에 있는 신비'가 바로 미생물의 세계랍니다.

미생물의 **크기**

	크기	종류
육안	1mm	물벼룩(약 1.5mm) 머리카락 굵기(약 0.8mm) 짚신벌레(약 0.2mm)
광학현미경	100μm (0.1mm)	여기부터 미생물의 세계
	10μm (0.01mm)	적혈구 (약 7~8μm)
		진균(3μm 이상) 발효해서 치즈나 술을 만드는 효모와 곰팡이, 버섯 등. 무좀의 원인이 되는 백선균도 이 유형이다 **버섯이나 곰팡이는 진균의 무리** 증식해서 집합체(콜로니)를 형성하면 육안으로도 볼 수 있다
	1μm (0.001mm)	
		세균(0.5~5μm) 예전에는 세균의 형태나 서식하기 쉬운 환경으로 분류했지만 현재는 DNA로 감별된다. 대장균, 유산균 등
전자현미경	100nm (0.1μm)	**바이러스(20~300nm)** 물질과 생물의 중간적 존재. 세포를 갖지 않고 동물이나 식물 등의 세포에 침입해서 증식한다. 인플루엔자 바이러스 등
	10nm (0.01μm)	DNA의 지름(약 2nm)

미생물의 기초 지식② 탄생 기원

세포로 분류되는 미생물은 2가지 유형으로 나뉠 수 있다

생명을 진화시킨 '세포 내 공생설'이란?

미생물은 '세포의 구조'라는 요소의 차이로 보면 두 가지 유형으로 나눌 수 있습니다.

하나는 **'원핵생물'**이라고 해서 자신의 자손을 남기는 데 필요한 유전자가 단순하고 원시적인 구조를 띤 세포에게 보호받는 유형이에요. 여기에는 대장균이나 낫토균 등의 세균과 고세균으로 불리는 종류가 해당되지요. 또 하나는 세포의 구조가 원핵생물보다 더 복잡한 **'진핵생물'**로 곰팡이나 버섯 등의 진균이 해당됩니다.

약 38억 년 전 지구에는 생명이 탄생했어요. 그 후 현재의 미생물이 언제 탄생했는지 자세히 밝혀지지는 않았습니다. 하지만 원시적인 세포 구조를 갖고 있는 원핵생물이 먼저 등장했고, 그 원핵생물을 고세균이 흡수해서 진핵생물로 진화했다는 설이 가장 유력해요. 이를 **'세포 내 공생설'**이라고 하며 생물학자 린 마굴리스(Lynn Margulis)가 주장했어요. 이러한 세포의 진화 차이가 미생물의 특징에도 큰 영향을 미쳤다고 할 수 있습니다.

미생물은 두 가지 유형으로 분류할 수 있다

진핵생물

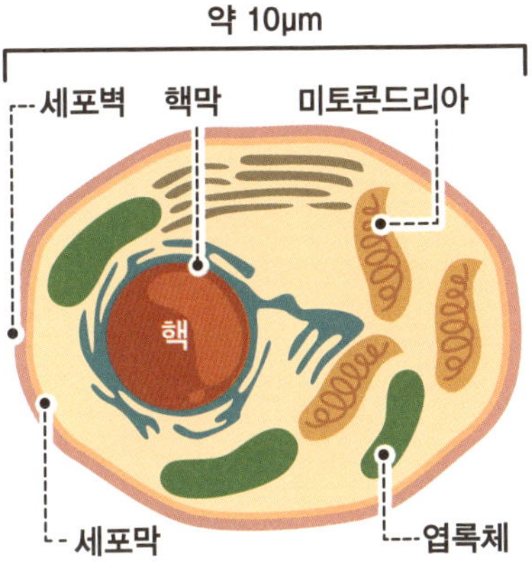

유전자가 포함된 '핵'을 갖고 있으며 세포 안에 미토콘드리아 등의 소기관이 있다

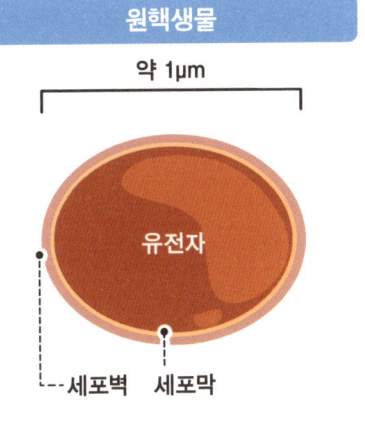

원핵생물

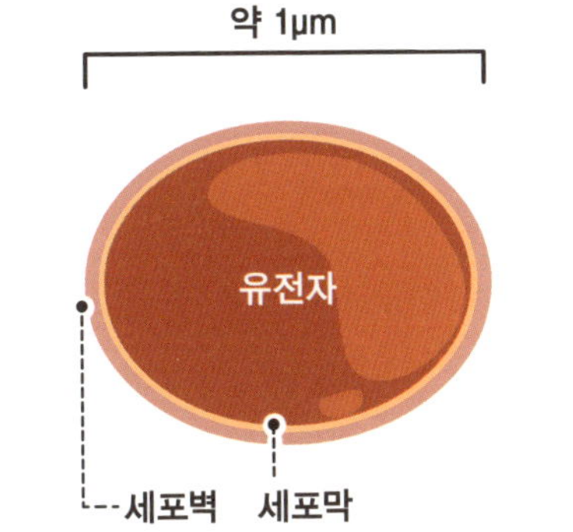

※ 1μm는 1000분의 10mm

유전자를 보호하는 핵막이 없으며 세포 안은 단순해서 원시적인 구조를 이룬다

미생물에는 서식하기 좋은 온도가 있다

저온균

0~15℃

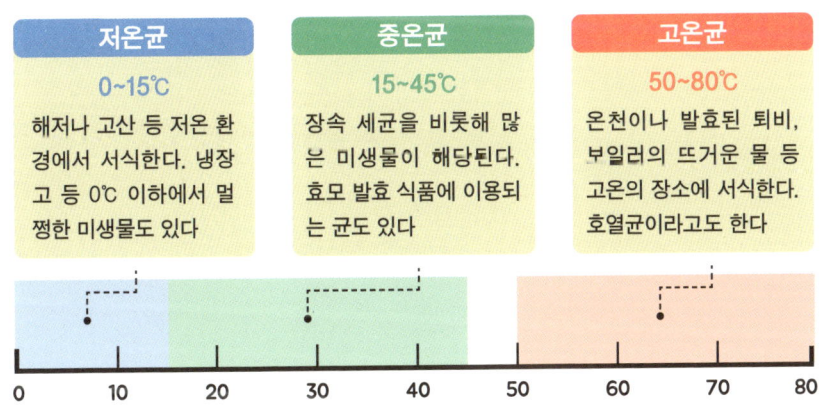

해저나 고산 등 저온 환경에서 서식한다. 냉장고 등 0℃ 이하에서 멀쩡한 미생물도 있다

중온균

15~45℃

장속 세균을 비롯해 많은 미생물이 해당된다. 효모 발효 식품에 이용되는 균도 있다

고온균

50~80℃

온천이나 발효된 퇴비, 보일러의 뜨거운 물 등 고온의 장소에 서식한다. 호열균이라고도 한다

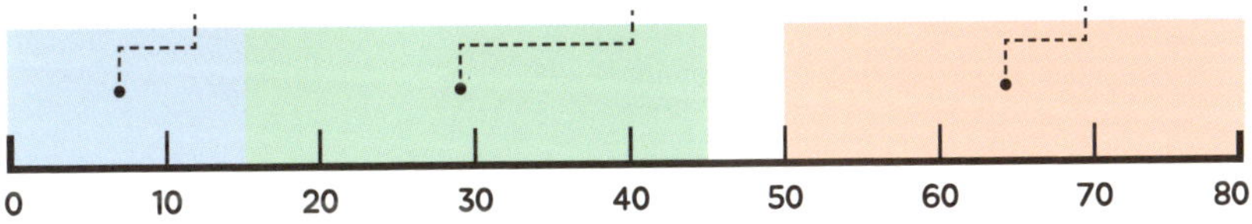

미생물의 기초 지식③ 증식 방법

이름만 비슷하다?
'세균'과 '진균'의 차이란?

세균과 진균은 둘 다 '균(菌)'이라는 한자가 명칭에 들어 있기 때문에 똑같은 것이라고 생각하기 쉽습니다. 하지만 이 두 가지는 세포 구조의 차이로 원핵생물과 진핵생물로 확실히 분류돼요. 또 이러한 차이는 세포 증식 방법의 차이로도 나타납니다.

원핵생물의 세균은 일반적으로 2분열해서 증식합니다. 세포 1개가 분열해서 2개가 되고, 2개가 4개가 되는 식으로 배로 늘어나요. 대장균의 경우 독립된 개체의 크기는 약 1마이크로미터지만 배양 실험을 하면 단 하루 만에 1컵 분량의 부피까지 증식해요. 진핵생물에는 단세포인 효모와 다세포인 곰팡이 등이 있습니다. **효모는 세균과 마찬가지로 2분열해서 증식하는 종류도 있는가 하면 세포에서 발아해 늘어나는 종류**도 있어요. 곰팡이는 나뭇가지 모양의 균사를 뻗어서 늘려가기도 합니다. 원핵생물보다 더 다양한 세포 형태를 이루는 만큼 증식 방법에도 진핵생물마다 변종이 있답니다.

세균과 진균의 차이는 '증식 방법'

세균의 증식 방법

분열해서 늘어난다

물이나 산소, 영양분 등의 적절한 환경에서 세포를 분열시키는 '2분열 증식'이 기본적인 방법이다. 환경이 혹독해지면 포자를 만들어서 휴면 상태에 들어가며 환경이 회복되면 다시 증식하기 시작하는 종류도 존재한다.

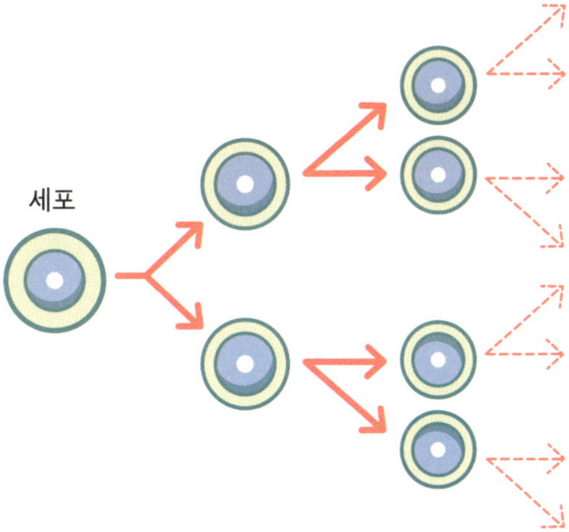

진균의 증식 방법

효모는 발아와 분열을 하고, 곰팡이는 균사를 뻗는다

효모는 세균처럼 2분열해서 증식하거나 세포에서 발아하여 증식하기도 한다. 곰팡이는 균사를 뻗어서 증식하며 버섯처럼 육안으로도 볼 수 있는 자실체를 형성하는 종류도 있다.

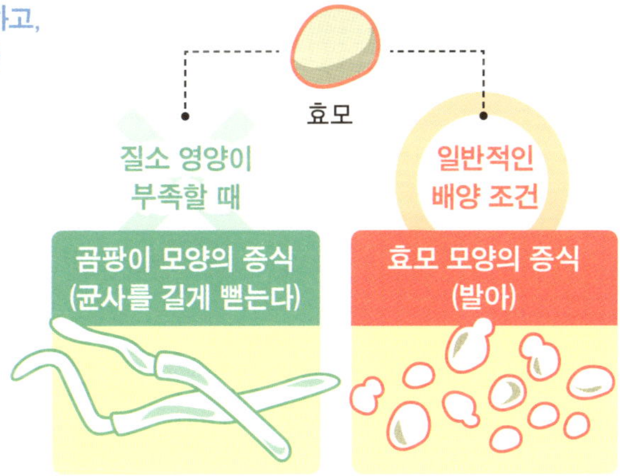

미생물의 기초 지식④ 세균의 종류

구균에 간균, 나선균, 호기성, 혐기성 등등

세균에는 여러 가지 종류가 있다

원핵생물의 세균은 세포의 모양에 따라 둥근 모양의 구균, 길쭉한 모양의 간균, 나선 모양의 나선균 등 여러 가지 종류가 있습니다.

이러한 세포를 관찰하려면 일반적으로 광학현미경을 사용해요. 그러나 현대와 같이 고성능 현미경이 없었던 시대에는 연구자들이 관찰이나 분류를 하는데 큰 어려움을 겪었습니다.

1855년 덴마크의 학자 한스 C. J. 그람(Hans Christian Joachim Gram)이 **염색 했을 때의 색 차이로 세포 바깥쪽 구조를 분별하는 '그람 염색법'을 발명**했습니다. 이 방법으로 세균은 '그람 양성균'과 '그람 음성균'으로 분류할 수 있게 되었으며 감별 속도도 빠른 속도로 향상되었습니다. 이는 현재까지도 세균 분류의 중요한 기준 중 하나입니다.

이밖에도 산소가 존재하는 환경이 좋으냐 나쁘냐에 따라 **호기성**과 **혐기성**으로 구별할 수 있는 등 다양하게 분류할 수 있어요.

세균의 분류에 대하여

	그람 양성균		그람 음성균	
	두껍고 튼튼한 세포벽을 갖고 있으며 가혹한 환경에서도 계속 생존할 수 있는 것이 특징인 세균. 그람 염색을 하면 보라색으로 염색된다.		사람의 세포에 악영향을 끼치는 종류가 많다. 그람 염색을 하면 한 번 염색된 보라색의 색소가 정착하지 않고 탈색된다.	
	호기성	혐기성	호기성	혐기성
구균	용혈성 연쇄상구균	표피 포도상구균, 황색 포도상구균, MRSA, 뮤탄스균(충치균) 등	뿌리혹박테리아, 쿠프리아비두스 메탈리두란스 등	―
간균	낫토균, 방선균, 스트렙토미세스 등	아크네균, 비피두스균, 탄저균, 웰치균, 유산균 등	대장균, 녹농균, 초산균, 시아노박테리아 등	살모넬라균, 발전균 등
나선균	―	―	피로리균	스피루헤타, 캄피로박터, 자성 세균 등

기타 세균 마이코플라스마, 리케차 등

미생물의 기초 지식⑤ 바이러스

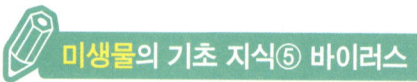

생물과 물질 사이에 있는 미묘한 존재

바이러스는 도대체 무엇인가?

바이러스는 자립적으로 증식할 수 없다는 점에서 생물이라고 할 수 없습니다. 그러나 DNA나 RNA 등 **자신을 복제하는 유전 정보는 갖고 있어서 동물이나 식물을 감염시켜 그 감염처의 세포를 사용해 복제를 반복합니다.**

관찰할 때는 광학현미경보다 더 작은 물질을 볼 수 있는 전자현미경을 사용합니다. 또한 바이러스의 유전자를 증폭해서 그 존재를 검출하는 'PCR법'(P154) 등도 잘 알려져 있습니다. 사람에게 해를 끼치는 바이러스가 많은 것처럼 느껴지는데 복제에 쓰인 세포가 손상을 입어서 인체에 악영향을 주기 때문이에요.

이러한 피해에는 백신 접종이나 직접적으로 작용하는 약을 써서 예방 및 치료를 합니다. 하지만 **바이러스 유형은 무수히 많아서 매우 빨리 변이한다는 특징도 있기** 때문에 새로운 유형의 바이러스가 인류의 천적으로 전 세계에서 대유행하기도 합니다.

바이러스에 대하여

기본 구조

DNA나 RNA의 유전 정보를 갖고 있으며 이를 캡시드라고 하는 단백질 외피로 감싼 형태로 존재한다. 또한 세포에 잘 흡착하는 엔벨로프라고 하는 막으로 외부를 감싼 유형도 있다.

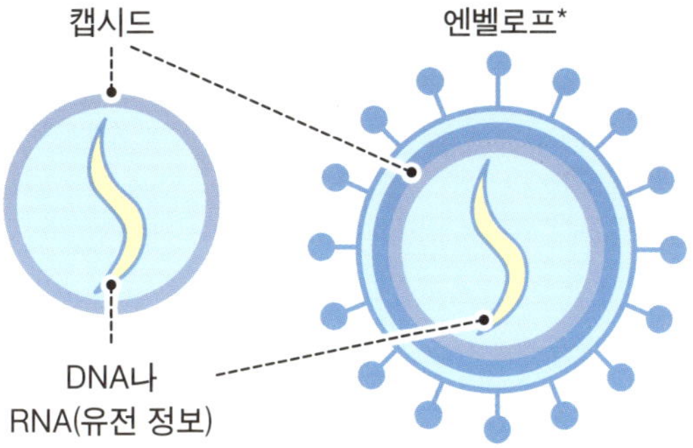

*엔벨로프(외피, envelope) : 세포질을 둘러싸고 있는 막

증식 방법과 종류

생물의 세포에 기생해서 증식한다

생물의 세포에 흡착한 뒤 침입해서 자신의 유전자를 복제하고 단백질을 합성하며 증식한다. 그 후 세포에서 방출되어 다른 세포에 감염을 반복한다.

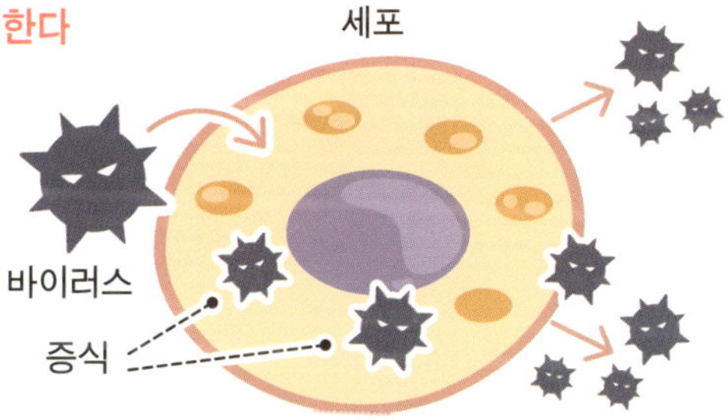

DNA 바이러스	서서히 증식한다. 변이하는 종류가 적어서 인간에게 감염된 경우에도 대처하기 쉽다. 세균에 감염되는 바이러스도 있다(천연두 바이러스, 박테리오파지 등).
RNA 바이러스	갑자기 변이를 자주 일으켜서 증식 속도가 빠르다. 엔벨로프를 가진 바이러스는 동물에 감염되는 종류가 많다(인플루엔자 바이러스, 코로나 바이러스, 노로바이러스 등).

Column

미생물학을 크게 발전시킨 공로자 3인

미생물학의 아버지

안톤 판 레이우엔훅 Antonie van Leeuwenhoek, 1632-1723

네덜란드의 직물상으로 일하며 섬유의 품질관리에 이용하던 렌즈에서 힌트를 얻어서 직접 만든 현미경을 사용해 호수의 플랑크톤과 인간의 입속에 있는 미생물을 관찰하는 데 성공했다. '미생물학의 아버지'로 불리기도 한다.

백조목 플라스크가 유명하다

루이 파스퇴르 Louis Pasteur, 1822-1895

프랑스의 세균학자. 목이 구부러진 플라스크 속에 수프를 넣고 끓여서 내부의 잡균을 죽이면 그 후에도 수프는 상하지 않는 것을 증명했다. 부패나 발효의 원인에 미생물이 존재한다는 사실을 밝혀냈다.

순수 배양에 성공

로베르트 코흐 Robert Koch, 1843-1910

독일의 연구자. 샬레나 한천 배지를 이용해 미생물을 인공적으로 생육, 증식시키는 방법을 확립해서 그 후의 미생물 연구를 크게 발전시켰다. 탄저균, 결핵균, 콜레라균을 발견한 사람이기도 하다.

세계의 세균학자들

샤를 루이 라브랑(Charles Louis Alphonse Laveran, 1845~ 1922) : 프랑스의 의사 · 세균학자. 1880년에 말라리아 병원체를 발견하고 1907년에 노벨 생리 · 의학상을 받았다.

에밀 A.폰 베링(Emil Adolph von Behring, 1854~1917) : 독일의 생물학자 · 세균학자. 디프테리아 혈청과 파상풍 혈청을 발견했고, 1901년 노벨 생리 · 의학상을 받았다.

베르너 아르버(Werner Arber, 1929~) : 스위스의 세균학자. 1978년도 노벨 생리 의학상을 받았다.

제 2 장

늘 함께있는 미생물

먼저 평소 인간의 몸속에 있는 세균 및 진균 등의 미생물을 소개합니다. 몸과 피부의 건강을 지켜주는 미생물도 있지만 그중에는 질병을 일으키는 원인이 되는 미생물도 있어요!

늘 함께 있는 미생물의 기초 지식

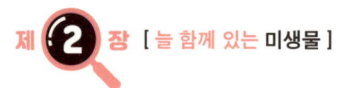

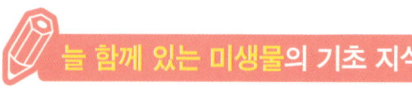

눈에는 보이지 않지만 총 1.5kg이나 차지한다!?

인체의 건강 유지를 담당하는 상재균

대부분의 사람들이 병에 걸렸을 때 '○○균'이나 '○○바이러스' 등의 존재를 의식할 것입니다. 그러나 건강한 사람의 몸에도 수많은 미생물이 늘 존재합니다. 예를 들면 장 속에는 대장균(P46), 입에는 유산균(P90) 등 인체에는 1,000종류 이상 100조 개 이상, 무게로 치면 1.5킬로그램이나 되는 미생물이 존재합니다. 이처럼 **인체에 정착해서 건강하면 해를 끼치지 않는 세균과 진균을 상재균**이라고 해요. **상재균은 비타민 등의 유용한 물질을 만들고 질병의 원인이 되는 미생물을 제거하는 면역 기능**에 관여합니다. 하지만 상재균 중에는 면역력이 떨어지면 병을 일으키는 원인이 되는 종류도 있어요.

상재균의 종류와 수는 숙주의 생활환경과 거주 지역에 따라 다르지만 입속이나 피부, 장에서 많이 볼 수 있습니다. 이 부위들을 현미경으로 살펴보면 무수히 많은 미생물이 서식하는 모습이 '꽃밭(flora)'을 닮았다는 점에서 장에 서식하면 '장내 플로라' 등으로 불립니다.

인간의 몸에 존재하는 상재균과 그 역할

1,000종류 100조 개가 넘는 상재균은
건강 유지를 위한 다양한 역할을 담당하고 있어요!

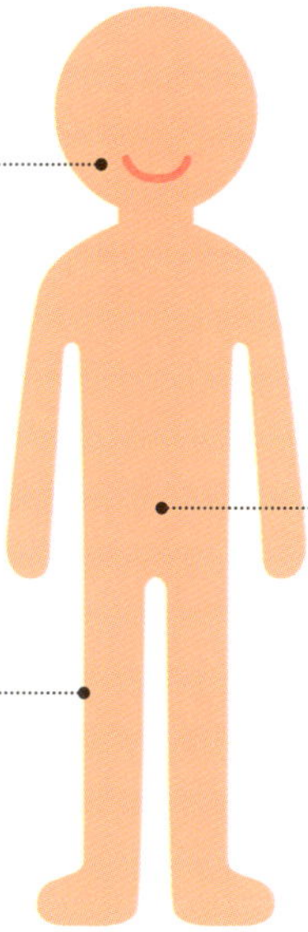

입

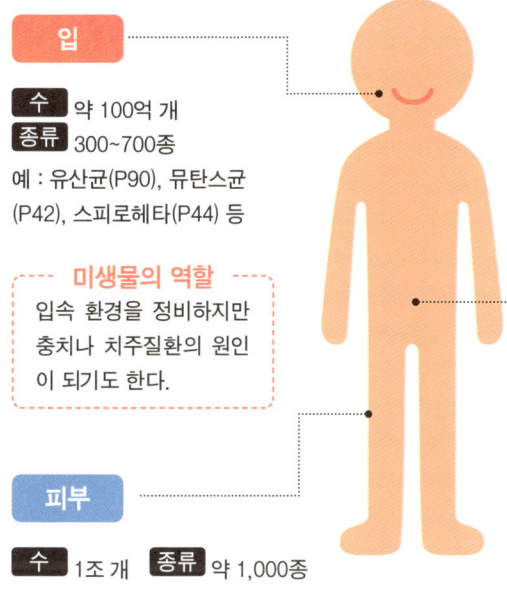

수 약 100억 개
종류 300~700종
예 : 유산균(P90), 뮤탄스균 (P42), 스피로헤타(P44) 등

미생물의 역할
입속 환경을 정비하지만 충치나 치주질환의 원인이 되기도 한다.

소화기관

수 약 100조 개
종류 약 150종
예 : 대장균(P46), 비피두스균 (P48), 웰치균(P50) 등

미생물의 역할
대장의 상재균은 특히 '면역' 기능에 크게 관여한다

피부

수 1조 개 종류 약 1,000종
예 : 표피 포도상구균(P30), 황색 포도상구균(P32), 아크네균(P34)

미생물의 역할
예쁜 피부든 거친 피부든 상재균의 기분에 달렸다!

최근 자주 듣는 **장내 플로라** 는 장 속에 있는 세균의 꽃밭과 같다!

인간의 몸에서 특히 입속과 피부 표면, 장에는 미생물이 많이 서식한다. 이 세 부위에 서식하는 세균의 모습은 각각 플로라라고 해서 인간의 건강과 깊은 관계가 있다.

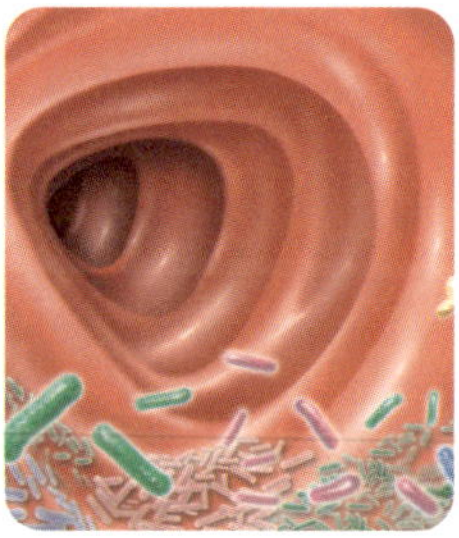

장내 플로라

체내에서 가장 많은 미생물이 존재한다. 왼쪽 그림은 이미지.

구강 플로라

혀와 치아, 치석 등에 다른 미생물이 정착한다.

피부 상재균 플로라

미생물은 체외에서 침입하는 물질을 막아준다.

스킨케어는 나한테 맡겨!
알이 밀집한 포도송이와 같은 모양
매끈 매끈
피부를 보호하는 기능이 있어서 '피부균'으로 불리기도 하는 피부 미용사

피부를 촉촉하게 하는 유익균

표피 포도상구균

표준 크기 0.8~1.0μm 정도

발육 온도 35~37℃ 정도

주요 서식처 인간의 피부 표면, 콧구멍 내부 등에 서식. 체내에 들어가면 질병을 일으키는 원인이 될 수 있다.

세균 | 고세균 | 진균 | 바이러스

호기성 | 혐기성

35종으로 분류되는 포도상구균의 일종으로 구균이 불규칙하게 배열된 집합체와 같은 형태를 띤다.

공헌도 ♥♥♥♥♡

위험도 !!!!! (1/5)

평소에는 비병원성이지만 체내에 침입하면 병원성을 일으키기도 한다.

과도한 세안은 금물! '피부균을 지켜라'

균이 포도송이 모양으로 밀집하는 성질 때문에 '포도상구균'이라고 하는 세균의 일종으로 **피부 표면이나 콧속 등에 서식하는 대표적인 상재균**입니다. 기본적으로는 비병원성이지만 체내에 침입해서 감염증을 일으키는 원인이 되기도 해요.

표피 포도상구균은 피부를 촉촉하게 하며 노화를 억제하는 기능을 하는 점에서 '피부균'이라고도 합니다. 땀 등으로 피부가 알칼리성을 띠면 황색 포도상구균(P32) 등의 유해균이 늘어나서 피부 트러블을 일으키는 원인이 됩니다. 그럴 때 표피 포도상구균이 활약합니다. 땀이나 피지를 양분으로 삼아 **피부를 약산성으로 만드는 양성 지방산과 각질층의 수분을 보호하는 글리세린**을 만들어냅니다. 또한 아미노산을 주성분으로 하는 **항균펩타이드라는 물질을 만들어서 유해균의 증식을 억제하는 역할도 합니다.**

이처럼 표피 포도상구균은 피부의 건강을 지켜주는데 비누 등을 사용하면 균이 제거되고 맙니다. '과도한 세안, 손 씻기는 피부에 좋지 않다'는 것은 표피 포도상구균을 적절히 유지하기 위해서 하는 말이에요.

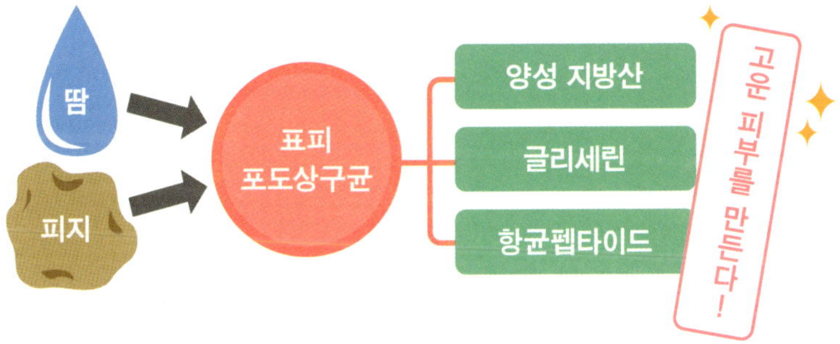

상재균 중에서 손꼽히는 문제아

황색 포도상구균

표준 크기 0.8~1.0μm 정도

발육 온도 35~40℃ 정도

주요 서식처 인간의 피부 표면, 콧구멍 내부, 목, 장 등에 서식하며 자연계에도 널리 분포해 있다.

세균 | 고세균 | 진균 | 바이러스

호기성 | **혐기성**

P30과 마찬가지로 포도상구균의 일종으로, 여러 가지 설이 있지만 30퍼센트가 넘는 사람들이 보유한다고 하며 온갖 질병의 원인이 된다.

공헌도 ♥♡♡♡♡

위험도 !!!!(!)

인간의 피부에 존재하는 포도상구균 중에서는 독성이 매우 강하다.

주먹밥을 만들 때는 주의해야 한다!

표피 포도상구균(P30)과는 대조적으로 **황색 포도상구균은 '독소 백화점'이라고 할 정도로 다양한 독소를 만들어내는 상재균**입니다. 피부와 콧속, 목, 상처 주위에 서식하며 산소가 적은 환경에서도 증식합니다.

황색 포도상구균이 일으키는 문제 중에서 식중독을 많이 볼 수 있어요. 예를 들면 손이나 손가락에 베인 상처가 있는 사람이 주먹밥을 만들면 상처 부위에서 증식한 대량의 황색 포도상구균이 주먹밥에 달라붙어서 더 많이 증식합니다. 그 상태로 체내에 들어가면 **장에 악영향을 주는 엔테로톡신이라는 독소를 만들어 식중독을 일으키는** 거예요. 엔테로톡신은 100℃에서 30분 동안 팔팔 끓여도 견딜 정도로 열에 강하기 때문에 가열해도 독성은 사라지지 않습니다.

그 밖에도 황색 포도상구균은 상처의 화농 부위나 상처를 통해 내장으로 침입해 폐렴이나 패혈증을 일으키기도 합니다. 또한 여러 가지 항생물질에 대한 내성을 지닌 황색 포도상구균, MRSA(P62)도 의료계에서도 큰 문제가 되고 있습니다.

전자현미경으로 본 황색 포도상구균

여러 가지 균이 포도송이처럼 모여있는 것을 알 수 있다.

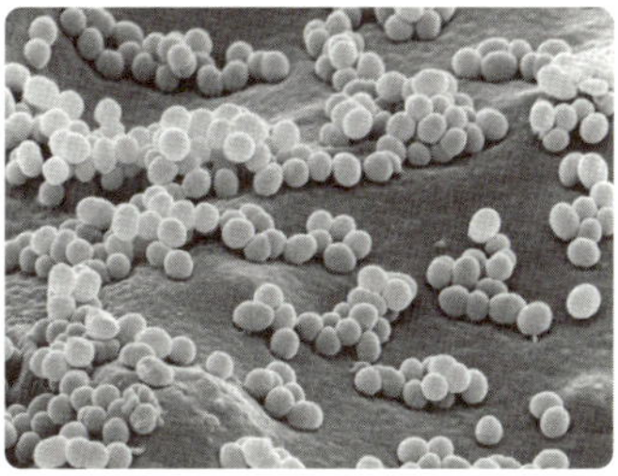

유익균인지 유해균인지는
당신의 몸 상태에 달렸다.

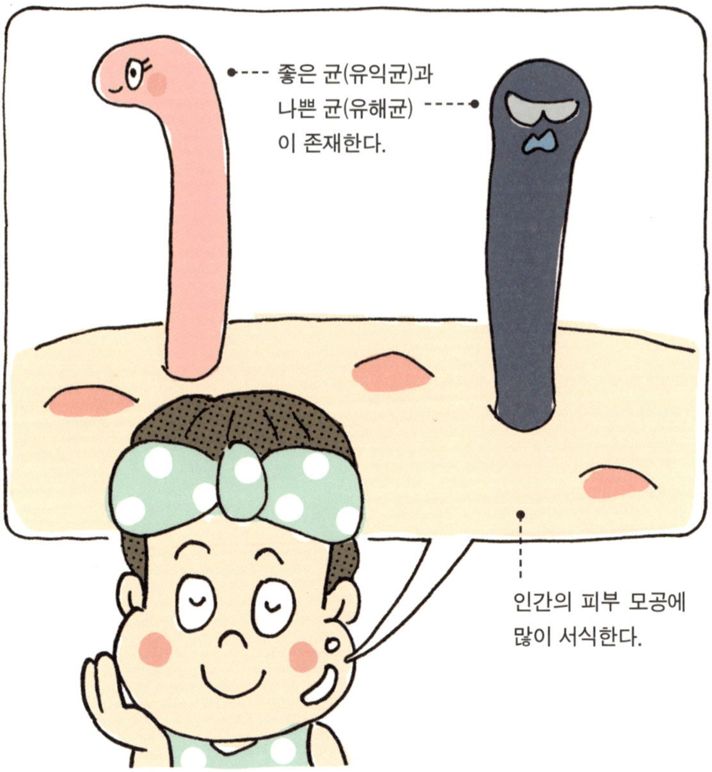
좋은 균(유익균)과
나쁜 균(유해균)
이 존재한다.
인간의 피부 모공에
많이 서식한다.

'여드름균'이라고 부르지만 사실은

아크네균

표준 크기	0.4~0.9μm 정도
발육 온도	30~37℃ 정도
주요 서식처	인간의 피부 표면, 특히 얼굴과 등의 모근 속 등 산소가 적은 장소

세균 | 고세균 | 진균 | 바이러스

호기성 | 혐기성

대부분의 인간 피부에 존재하는 상재균의 대표. 지질을 선호해서 피지 분비량이 많은 얼굴이나 등에 많다.

공헌도 ♥♥♥♥♥ (3/5)

위험도 ! ! ! ! ! (2/5)

아크네균이 곧 여드름이라고 생각하기 쉬운데 원래는 피부를 보호하는 기능도 있다.

여드름이 생기는 구조

여드름 속에 존재하기 때문에 영어로 여드름을 의미하는 아크네(acne)라는 이름이 붙은 세균입니다. 인간의 피부 어디에서나 존재하는 상재균이며 산소가 적은 환경을 선호합니다. 피지를 주요 영양분으로 삼기 때문에 얼굴의 모공에서 잘 증식하는 성질이 있어요.

일반적으로 아크네균은 '여드름의 원인균'이라는 이미지가 강한데 실제로 수많은 아크네균은 인간에게 도움을 주는 유익균입니다. **질병의 원인이 되는 미생물로부터 피부를 보호하고 약산성으로 유지하는 기능이 있습니다.** 유익한 아크네균을 활용한 연구가 다양한 분야에서 진행되고 있어요.

하지만 스트레스와 불규칙한 생활습관 등으로 호르몬의 균형이 변화하면 피지 분비가 증가하고 각질이 악화됩니다. 그러면 모공이 막히고 그 속에 피지가 점점 쌓여서 유해한 아크네균이 지나치게 증식하지요. 유해한 아크네균이 피지를 분해하고 **피부에 염증을 일으키는 성분을 발생시켜서 여드름을 악화(적여드름화) 시킵니다.**

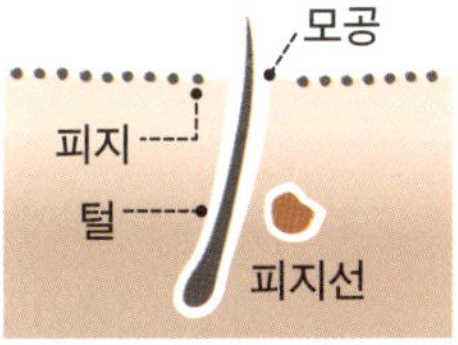

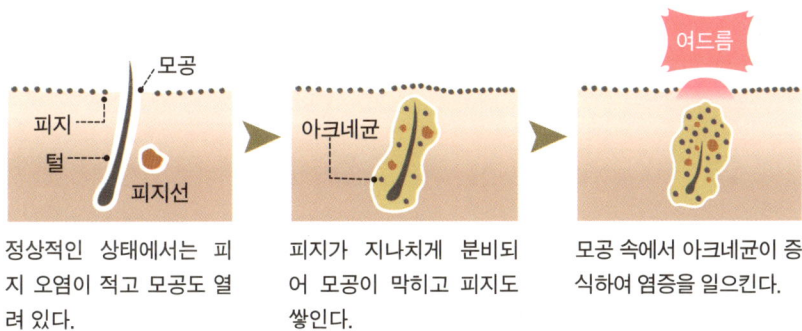

정상적인 상태에서는 피지 오염이 적고 모공도 열려 있다.

피지가 지나치게 분비되어 모공이 막히고 피지도 쌓인다.

모공 속에서 아크네균이 증식하여 염증을 일으킨다.

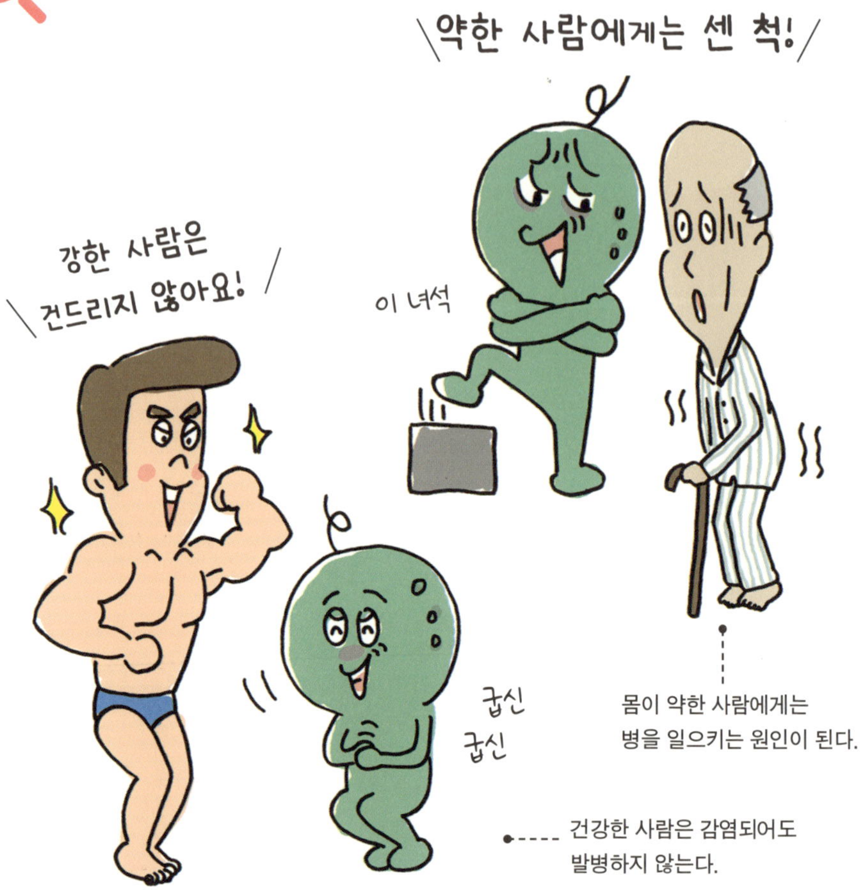

강한 사람에게는 겸손하지만 약한 사람에게는 거만한 기분 나쁜 균

녹농균

표준 크기 0.5×3.0μm 정도

발육 온도 37℃ 정도

주요 서식처 인간의 장 속이나 식물의 표면에 서식. 또한 가정에서는 주방 등의 물을 사용하는 장소에도 분포.

세균 | 고세균 | 진균 | 바이러스

호기성 | 혐기성

지구에 널리 분포하는 대표적인 상재균으로, 녹농균이 상처에 감염되면 녹색 고름이 생겨서 이 이름이 붙었다.

공헌도 ♥♥♥♡♡

위험도 !!

소독약 등에 대한 저항성이 높고 약에 대한 내성을 가진 종류도 많다.

면역이 떨어진 사람을 덮친다.

상처 부위를 청록색으로 곪게 하는 녹농균은 상재균 중 하나로 인체 외에는 특히 웅덩이, 싱크대, 수도꼭지 등 물을 사용하는 장소에서 많이 볼 수 있습니다. 또한 **소독에 대한 내성이 강해서 비누나 소독약 속에 숨어 있기도** 해요. 그래서 사멸시키기 어려운 성가신 세균이라고 할 수 있지요.

녹농균은 건강한 사람에게는 거의 해를 끼치지 않습니다. 그러나 질환이 있는 사람이나 노인 등 **면역력이 떨어진 사람에게는 심각한 감염증을 일으키는 병원균으로 변화합니다.** 청결한 병원에서도 수도꼭지, 샤워기, 문손잡이 등에 녹농균이 서식해서 병원에 있는 환자에게 침입할 기회를 엿본답니다.

일단 체내에 침입하면 녹농균은 엔도톡신(내독소, endotoxin)이라고 하는 독소를 만들어서 폐렴이나 패혈증을 일으킵니다. 또한 의료종사자나 환자의 손에서 병원 내부로 순식간에 퍼져서 원내 감염을 일으킬 가능성도 있어요. 게다가 약제에 대한 내성을 갖기 쉽다는 성질도 있어서 MRSA(P62)와 마찬가지로 의료 현장의 강적으로 두려운 존재입니다.

녹농균에 감염되기 쉬운 사람

- 고령자, 특히 거동이 불편해 누워 있는 상태의 사람
- 항생물질이나 면역억제제를 투여하는 중에 면역부전을 일으키는 사람
- 백혈병, 악성 림프종 등의 혈액질환이 있는 사람
- 중증 당뇨병인 사람

주요 증상

- 패혈증
- 호흡기 감염증
- 요로 감염증
- 소화기관 감염증 등

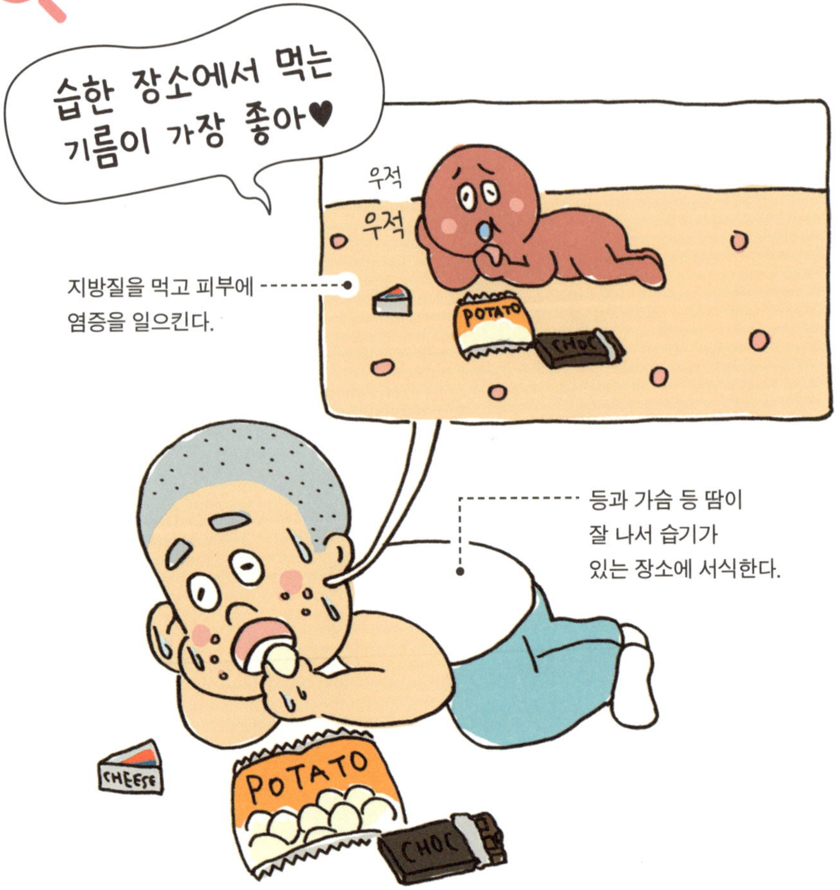

습한 장소에서 먹는 기름이 가장 좋아♥
우적
우적
POTATO
CHOC
지방질을 먹고 피부에 염증을 일으킨다.
등과 가슴 등 땀이 잘 나서 습기가 있는 장소에 서식한다.
CHEESE
POTATO
CHOC

가려운 '몸드름'을 일으킨다

말라세치아균

표준 크기	2.0×12μm 정도
발육 온도	30~33℃ 정도
주요 서식처	인간의 피부 표면, 특히 피지가 많은 얼굴과 목, 등, 어깨, 팔뚝 등에 많다.

세균 | 고세균 | **진균** | 바이러스

호기성 | 혐기성

지방질을 좋아하는 진균이다. 여드름은 주로 아크네균(P34)이 원인이지만 등에 생기는 여드름은 이 균도 관계가 있다.

공헌도 ♥♡♡♡♡

위험도 !!!

여드름과 같은 붉은 발진이나 머리와 얼굴에 비듬 같은 것을 동반하는 습진의 원인이 된다.

몸에 생기는 발진은 곰팡이가 원인!?

말라세치아균은 곰팡이의 일종으로 인간이나 개의 피부에 서식하는 피부의 상재 진균입니다. 피지를 영양분으로 삼는데 얼굴의 모공에서 많이 볼 수 있는 아크네균(P34)과는 달리 **몸 전체에 분포해요. 특히 땀이 잘 차는 목덜미와 등, 어깨, 팔뚝에서 서식하기 쉽다**는 특징이 있습니다.

얼굴 이외에 생기는 '등드름', '몸드름'이라고 하는 여드름은 말라세치아균에서 비롯된 경우가 많다고 합니다. 대부분의 곰팡이와 마찬가지로 습기가 많은 장마 때부터 여름에 걸쳐서 증식해요. 피지를 분해하고 모공을 자극하는 지방분을 대량으로 만들어내서 말라세치아 모낭염이라고 하는 여드름처럼 생긴 붉은 발진을 일으킵니다. 극심한 가려움을 동반하는 경우가 많은 것도 말라세치아균의 특징이라고 할 수 있어요.

또한 **말라세치아균은 두피에 퍼져서 비듬이나 붉은 기 등 두피 트러블을 일으키기도 합니다.** 과도한 스트레스, 운동 부족, 불규칙한 식생활 등도 말라세치아균의 증식을 촉진시키는 원인이에요.

말라세치아균과 아크네균의 비교

	말라세치아균	아크네균
분포하는 장소	몸 전체에 분포하는데 특히 목덜미나 등, 어깨, 팔뚝 등에서 증식하기 쉽다.	주로 얼굴 주변의 모공에 분포한다.
발진	여드름보다 붉은 기가 작고 크기는 균일하다. 광범위하게 흩어진다.	불규칙하게 크고 작은 발진이 듬성듬성 생긴다.
치료 방법	자연 치료는 어렵고 연고 등의 항균제로 치료해야 한다.	중증일 경우에는 약을 사용하지만 자연적으로 나을 때도 많다.

Column

다른 사람에게 상재균을 받아서 건강을 개선한다!?

세계에서 주목하는 상재균 이식이란?

인간의 몸 표면에는 표피 포도상구균(P30)과 같은 유익균이나 황색 포도상구균(P32)과 같은 유해균 등 각종 피부 상재균이 서식합니다. 그 수는 1cm^{2}당 적어도 수천 개, 많으면 수십만 개에 달합니다. 몸속에 있는 상재균까지 포함하면 100조 개가 넘는다고 하는데, 이는 약 37조 개로 알려진 인체의 세포 수보다도 훨씬 많답니다.

상재균의 종류와 비율은 인종이나 거주지, 생활양식뿐만 아니라 같은 나라 사람이라도 몸 상태와 식생활에 따라 다릅니다. 몸 상태에 따라 피부 환경은 시시각각 변화해서 미생물도 그 영향을 받기 때문이에요.

사람마다 상재균의 균형이 다른 반면 가족이나 연인끼리는 상재균의 종류와 비율이 비슷합니다. 그 이유는 상재균이 손을 흔들기만 해도 공기 중에 쉽게 날아 올라가서 주위 사람에게 붙기 때문입니다. 즉 누군가와 악수하는 것은 물론 가까이에서 대화하기만 해도 상재균을 서로 교환하게 됩니다. 참고로 애완견을 검사해보면 개와 주인의 상재균에도 유사성이 있는 모양이에요.

다른 사람의 상재균이 쉽게 정착한다는 특징을 이용하면 의도적으로 이식할 수도 있습니다. 상재균의 균형이 좋은 사람으로부터 균형이 나쁜 사람에게 상재균을 이식하는 이른바 '상재균 이식 치료' 연구가 세계 각지에서 진행되고 있습니다.

2016년에 미국에서 실시한 아토피성 피부염 연구를 예로 들 수 있어요. 아토피성 피부염에 걸린 사람의 피부에는 황색포도상구균이 많이 서식해서 독소에 의해 증상이 나빠진다고 추측했습니다. 그래서 건강한 사람의 피부에서 채취한 상재균을 분무기로 뿌리는 실험을 했더니 절반이 넘는 사람들의 증상이 가벼워졌고 부작용도 나타나지 않았습니다. 이와 마찬가지로 분변에서 유래한 장내 세균을 이식해서 세균 감염으로 생긴 장염이 개선된다고 알려져 있습니다.

이렇듯 상재균은 건강 상태와의 관계가 깊으므로 잘 조절하면 건강 상태를 향상시킬 수도 있습니다.

치석에 숨어서 치아를 녹이는 '충치균'

뮤탄스균

표준 크기 1.0μm 정도

발육 온도 37℃ 정도

주요 서식처 인간의 입속 외에 동물의 입속에도 분포한다. 일반적으로 수는 적다.

세균 고세균 진균 바이러스

호기성 **혐기성**

작은 공 모양을 띠며 사슬처럼 이어져서 늘어난다. 주로 입속에 있으며 '충치균'이라고 부르기도 한다.

공헌도 ♥♡♡♡♡

위험도 !!!!!（3/5）

충치가 생기거나 충치가 진행되는 가장 큰 원인이다.

양치질을 빼먹으면 무시무시한 일이 일어난다.

인간을 비롯해서 포유류의 입에 서식하는 뮤탄스균은 둥근 모양의 균이 사슬처럼 증식하는 '연쇄상구균'의 일종입니다. 일반적으로 '충치균'이라고 해요. 갓 태어난 아기의 입속에는 존재하지 않지만 공용 수저나 식기를 통해서 성인의 침으로 감염된다고 합니다.

뮤탄스균의 주요 영양분은 당질이에요. **치아에 붙은 음식 찌꺼기에 포함되는 당질을 분해해서 글루칸이라는 끈적끈적한 물질을 만듭니다.** 여기에 입속 세균이 합체하여 치아 표면에 플라그(치석)가 형성됩니다. 세균이 증식한 플라그는 평소에 하는 양치질로는 닦아낼 수 없을 정도로 치아에 단단히 달라붙습니다. 산소가 닿지 않는 플라그 안은 뮤탄스균을 비롯한 혐기성 세균에게 더없이 좋은 보금자리가 되어 당질에서 산을 만들어내는 작용이 활성화합니다. 이렇게 해서 치아가 녹고 충치가 발병하거나 악화한다고 생각할 수 있어요.

뮤탄스균은 대부분의 성인 입속에 숨어 있으므로 **식후 양치질로 구강을 청결하게 유지하면 활동을 억제**할 수 있습니다.

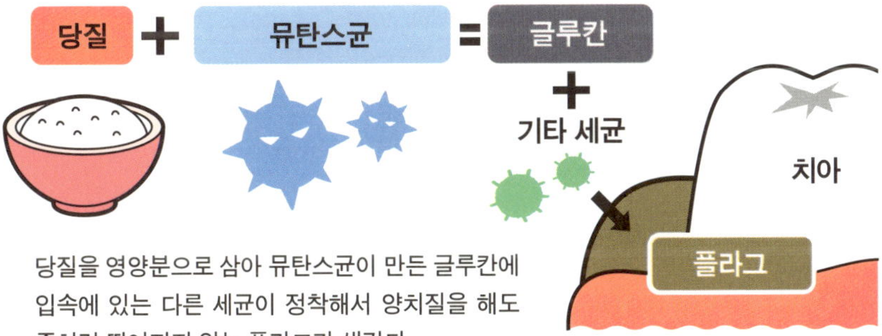

당질을 영양분으로 삼아 뮤탄스균이 만든 글루칸에 입속에 있는 다른 세균이 정착해서 양치질을 해도 좀처럼 떨어지지 않는 플라그가 생긴다.

나선 모양을 띤다.
끈기에서는 지지 않아요.
회전하는 것처럼
활발하게 움직인다.

끈적거려도 자유롭게 움직일 수 있다

스피로헤타

최대 크기	0.1×20μm 정도 (수백μm인 종류도 존재)
발육 온도	—
주요 서식처	인간의 입이나 장 속, 개나 돼지 등의 체내 등에 존재. 생물 이외에 흙이나 물, 부패물 속에도 있다.

세균 / 고세균 / 진균 / 바이러스

호기성 / 혐기성

스피로헤타는 현재 약 50종이 알려져 있는 세균의 총칭이다. 길쭉한 나선 모양이며 심하게 늘어났다 줄어든다.

공헌도 ♥♡♡♡♡

위험도 !!

치주질환이나 매독, 대장 감염증 등 각종 감염증의 원인이 된다.

끈적끈적한 환경에 적응한다!

길쭉한 나선 모양 세균의 총칭인 스피로헤타는 주로 포유류의 장에 서식합니다. 대부분의 세균은 몸 밖으로 뻗은 편모를 회전시켜서 움직이는데 **스피로헤타의 편모는 몸속에 있어서 나선 모양의 몸을 구불구불 늘렸다 줄였다 해가며 운동하는** 것이 특징이에요. 그래서 다른 세균과 달리 점성이 높아서 끈적거리는 환경에서도 몸을 움직일 수 있으며 오히려 점성이 있어야 빨리 돌아다닌다는 연구 데이터도 있습니다.

인체에 미치는 영향으로는 스피로헤타가 여러 가지 감염증을 일으킨다고 하는데 예를 들면 **치주질환 환자의 입안에서 스피로헤타가 검출**되기도 합니다. 따라서 플라그에서 스피로헤타의 검출 여부가 치주질환의 기준이 됩니다. 치주질환은 치아와 잇몸 사이의 치주 포켓에 플라그가 쌓여서 발병하는데 끈적거리는 플라그는 스피로헤타에게 가장 좋은 환경이라고 할 수 있어요. 그 밖에도 성 감염증인 매독이나 대장 감염증인 장관 스피로헤타증 등도 스피로헤타가 원인이라고 알려져 있습니다.

전자현미경으로 본 스피로헤타

매독을 일으키는 스피로헤타. 나선 모양을 띤다.

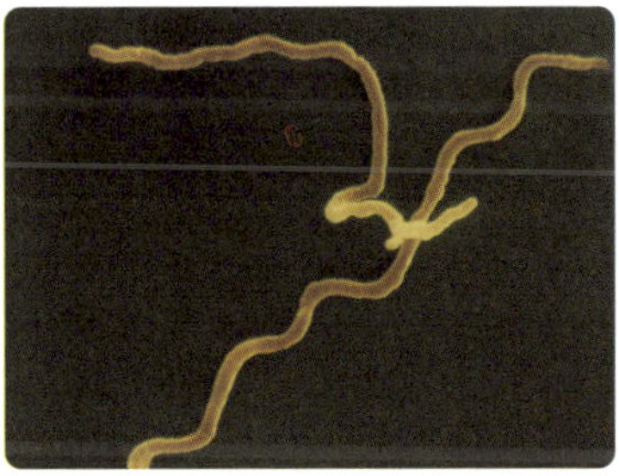

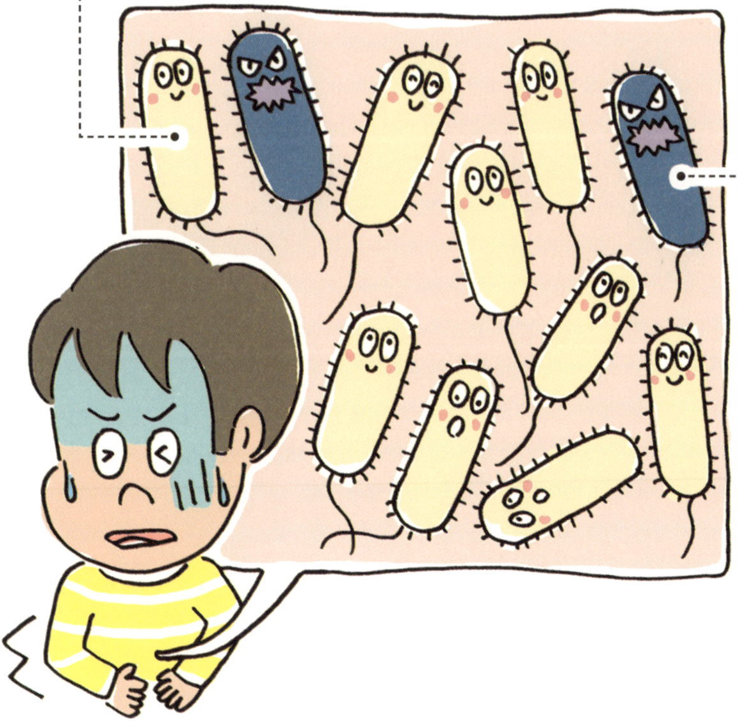
대부분의 대장균은 무해하다.
모두가 다 나쁜 건 아니에요.
그중에는 생사와 관계가 있는 질병의 원인인 균도 있다.

무해한 다수와 위험한 소수!?

대장균

기준 크기 0.5×3.0μm 정도

발육 온도 37℃ 정도

주요 서식처 인간과 동물의 장 속에 서식. 인종이나 생활환경, 몸 상태에 따라 종류와 수가 크게 다르다.

세균 | 고세균 | 진균 | 바이러스

호기성 | 혐기성

장에 서식하는 세균이며 호기적으로나 혐기적으로도 생육할 수 있다. 화학물질의 생산에도 이용된다.

공헌도 ♥♥♥♥♡

위험도 ❗❗❗❗❕

면역 등 인간의 상태에 관여한다. 건강 상태 등에 따라 질병의 원인이 되기도 한다.

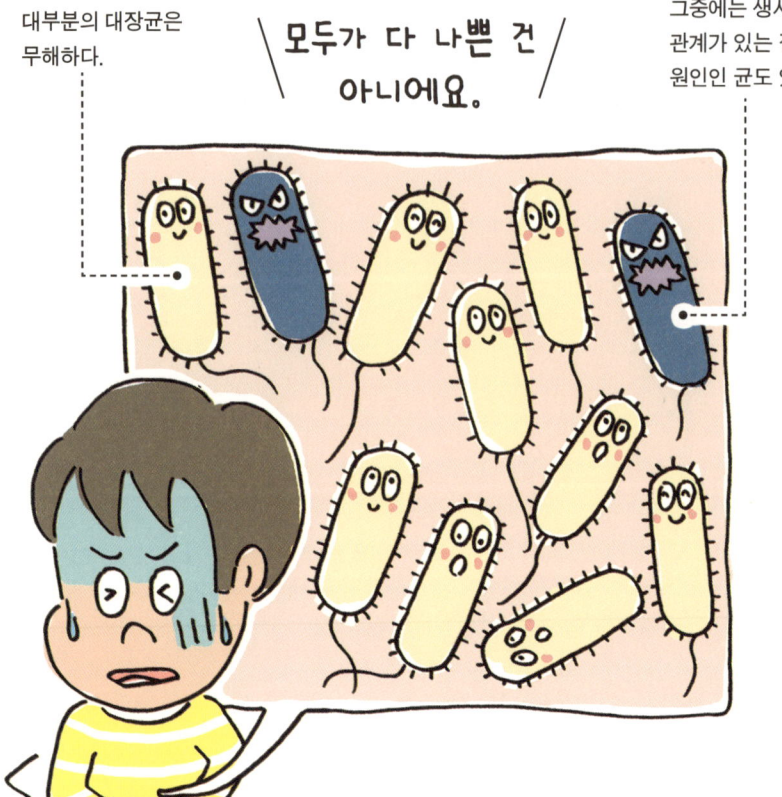

위험한 한편 연구 재료가 되기도 한다!?

대장균은 주로 인간이나 가축의 장 속에 서식하는 상재균의 일종입니다. 길쭉한 막대 모양을 띠며 산소가 있든 없든 생존할 수 있어요. **대부분이 무해하지만 복통이나 설사 등을 일으키는 유해한 균도 존재하는데 그런 종은 병원성 대장균이라고 합니다.**

유명한 병원성 대장균으로 장출혈성 대장균(통칭 O157)을 들 수 있습니다. 균을 포함한 가축의 분변으로 오염된 물이나 음식물을 먹어서 감염됩니다. 그 후 장에서 독성이 강한 베로독소를 만들며 증식하고 출혈을 동반하는 설사를 일으킵니다. 감염력이 너무나도 강력해서 감염된 사람의 배설물에 포함된 아주 적은 양의 균 때문에 대규모 감염으로 번지기도 해요.

또한 1940년대 K-12주라는 종류의 대장균이 유성 생식과 비슷한 성질이 있다는 사실이 판명되었습니다. 그 성질을 이용하여 유전자 재조합 식품 개발 등을 포함하는 **DNA 연구 분야에서 '모델 생물'로서 현재도 연구에 활용되고 있습니다.**

병을 일으키는 대표적인 대장균

O157

1996년에 학교 급식을 통해 O157을 원인으로 하는 식중독이 집단으로 발생했다. 설사와 혈변 증상, 또는 사망 사례도 나타났다.

이질균

1898년 일본의 세균학자 '시가 기요시'가 에 발견한 균. 발열, 복통, 설사 등의 증상 외에도 구역질과 구토를 동반하기도 한다.

악에 맞서는 세균계의 천사

비피두스균

기준 크기 1.0μm 정도

발육 온도 37℃ 정도

주요 서식처 인간의 장 속, 특히 대장에 분포한다. 또한 거의 모든 동물의 장 속에도 존재한다.

세균 | 고세균 | 진균 | 바이러스

호기성 | 혐기성

대부분의 동물 장 속에 있는 대표적인 유익균. 분지 모양, V자 모양, Y자 모양 등의 형태를 띤다.

공헌도 ♥♥♥♥♡

위험도 !!!!!

정장작용 외에 병원균의 감염을 억제하는 효과도 있다고 한다.

건강의 핵심은 비피두스균에 있다

장내 세균의 일종인 비피두스균은 **장내 환경을 정비하는 기능이 있는 유익균의 대표적인 존재**입니다. V자 모양, 막대 모양 등 불규칙한 형태와 배열을 보이며 산소가 없는 환경에서만 서식할 수 있습니다. 장내 세균이 약 100조 개가 존재한다고 하는데 비피두스균은 그중 약 10퍼센트를 차지하지요. 같은 유익균으로 유명한 유산균(P90)의 수보다 100배나 더 많습니다.

비피두스균은 당질을 분해해서 유해균의 증식을 억제하는 젖산과 강력한 살균력을 가진 초산을 발생시킵니다. 비피두스균을 비롯한 유익균이 유해균보다 우세해지면 장내 환경이 개선됩니다.

태어난 지 얼마 되지 않은 아기는 장내 세균의 대부분이 비피두스균이지만 나이가 들어가면서 감소합니다. 장 속의 유해균이 늘어나서 변비에 잘 걸리고 변이 막혀서 또 다시 유해균이 늘어나는 악순환에 빠지기도 해요. 비피두스균을 늘리려면 양파와 대두 등에 포함된 올리고당을 섭취하는 것이 효과적입니다.

비피두스균의 CG

V자 모양, Y자 모양 등 다양한 모양의 균이 존재한다.

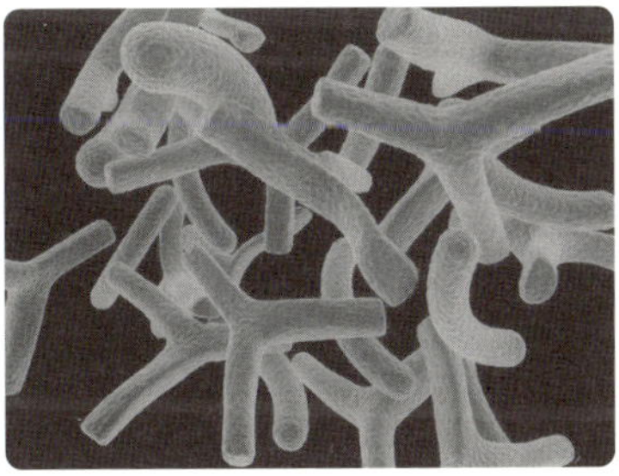

가열해도 끄떡없다! 끓인 음식에서도 살아남는

웰치균

기준 크기 0.9×9.0μm 정도

발육 온도 37~47℃ 정도

주요 서식처 인간이나 동물의 대장 속에 서식. 또한 하수나 하천, 경작지 등에도 널리 존재한다.

세균 고세균 진균 바이러스

호기성 **혐기성**

유해균의 대표로 꼽히며 식중독을 일으킨다. 급식 시설 등에서 발생하기 때문에 '급식병'이라는 별명도 있다.

공헌도 ♥♡♡♡♡

위험도 !!!

웰치균은 고온으로 가열해도 내열성이 높은 탓에 살아남는다.

아포로 몸을 보호하며 냄비 속에서 증식한다

웰치균은 인간이나 소, 새 등의 장 속 외에도 흙속이나 하천 등 자연계에도 널리 서식합니다. **생존에 적합하지 않은 상황에서는 '아포(芽胞)'라고 하는 단단한 껍질과 같은 상태가 되어 몸을 지키는 것이 특징**이에요. 기본적으로는 무해하지만 이 아포 형성이라는 특성을 사용해서 식중독을 일으키는 균도 있습니다.

특히 카레 등 냄비를 사용해 끓이는 요리는 주의해야 해요. 요리에서는 '가열하면 세균이 죽는다'고 생각하기 쉬운데 **웰치균은 아포 상태가 되어 열에 대항하기 때문에 끓여도 죽지 않아요.** 또한 냄비 그대로 상온에서 보관해 '산소가 없다', '식품의 온도가 서서히 내려간다'는 조건이 갖춰지면 균의 활동이 활성화하여 아포에서 발아해 급속하게 증식합니다.

음식물에서 체내로 침입한 웰치균은 소장 속의 소화액 등으로부터 몸을 지키기 위해서 다시 한 번 아포 상태가 됩니다. 그때 독소를 만들어내 식중독이 일어나는 거예요. 요리를 만들어서 보관할 경우에는 서둘러 냉동하는 등 웰치균을 번식시키지 않기 위해 노력해야 합니다.

가열

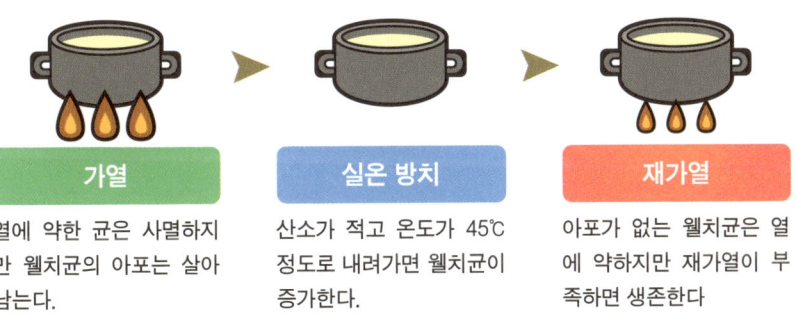

열에 약한 균은 사멸하지만 웰치균의 아포는 살아남는다.

실온 방치

산소가 적고 온도가 45℃ 정도로 내려가면 웰치균이 증가한다.

재가열

아포가 없는 웰치균은 열에 약하지만 재가열이 부족하면 생존한다

Column

'제2의 뇌'라고 하는 장을 유지하자.

면역과 미용도 장내 환경 상태에 달렸다!?

P28에서도 소개했지만 장에는 인체에서 특히 많은 세균이 존재합니다. 음식물을 소화, 흡수하는 기능은 이미 잘 알려져 있는데 최근의 연구에서 그 밖에도 여러 가지 역할이 밝혀졌습니다. 예를 들면 인체의 면역 세포 중 약 60퍼센트가 장에 존재해서 면역 기능에 크게 관여합니다. 흡수한 영양소는 장에서 온몸으로 운반되기 때문에 이물질이 세포에 들어가지 않도록 관문 역할을 합니다. 또한 장에는 약 1억 개의 신경세포가 있는데 이는 인체에서 뇌 다음으로 많아서 '제2의 뇌'라고 불리기도 합니다. 뇌와 정보를 교환하거나 심장과 폐와도 밀접한 관계를 맺어서 몸의 기능을 조정합니다. 장에는 이러한 고도의 기능이 있으며 장내 세균이 이를 뒷받침합니다.

장내 세균은 유익균과 유해균, 기회균으로 분류되며 건강한 사람은 유익균이 우위를 차지하는 상태입니다. 사실 건강을 위해서는 유익균뿐만 아니라 장내 세균의 종류가 많은 것도 중요해요. 종류가 많을수록 바이러스나 세균에 대한 면역력이 높아져서 암 등에 걸릴 위험도 줄어든다고 합니다. 반대로 장내 세균의 종류가 다양성을 잃은 상태를 '디스바이오시스(Dysbiosis, 장내 세균 불균형)'라고 하며 면역력이 떨어진 상태를 말합니다. 디스바이오시스를 피하려면 먹는 식품 수를 늘려서 유익균의 먹이가 되는 식이섬유와 올리고당, 유해균의 증식을 억제하는 발효 식품을 섭취하는 것이 효과적이에요.

또 장내 세균 중에는 다이어트나 미용과 관계가 있는 균도 있습니다. '뚱보균'이 포함된 '피르미쿠테스(Firmicutes)'라는 세균의 그룹을 예로 들 수 있어요. 장 속에 이 종류의 세균이 많을수록 비만이 되기 쉬워진다고 합니다. 피르미쿠테스에 함유된 세균은 대부분의 사람이 분해할 수 없는 식이섬유 등도 분해하여 많은 양을 먹지 않아도 영양분을 과도하게 섭취해서 쉽게 살이 찝니다. 또한 변비로 피부가 거칠어지는 것도 장내 세균이 원인이라고 해요. 변비에 걸리면 장내 환경이 나빠져서 유해균이 증식하고 '페놀류'라는 독소를 만들어 냅니다. 페놀류가 피부에 축적되면 건조해지고 칙칙해집니다.

이처럼 장내 세균은 몸 상태와 매우 깊은 관계가 있어요. 건강의 핵심은 장내 환경에 있습니다.

Column

동아시인만 영양분을 흡수할 수 있는

친숙한 전통 식재료는 무엇인가?

인간이 초식동물처럼 초원의 풀을 먹을 수 없는 이유는 무엇일까요? 인간의 소화액으로는 식물의 세포를 형성하는 '셀룰로오스'라는 식이섬유를 소화할 수 없기 때문이에요. 사실 초식동물의 소화액으로도 셀룰로오스를 소화할 수 없지만 장 속에 셀룰로오스를 분해할 수 있는 세균이 정착해 있기 때문에 풀을 먹으며 살아갈 수 있습니다.

한국과 일본에서 많이 먹는 식품인 김도 동아시아(한국, 일본, 중국 등)인 외에는 소화할 수 없다는 사실을 알고 있나요? 한국과 일본인은 예로부터 생김을 먹어온 역사가 있어서 생김을 서서히 분해할 수 있는 미생물(박테로이데스 플레베이우스, Bacteroides Plebeuus)도 함께 장속에 흡수해왔다고 판단됩니다. 또 자손에게도 물려줘서 장내 세균으로 정착했습니다.

우리는 선조가 장 속에 흡수한 미생물의 도움을 빌려 김에서 영양분을 얻을 수 있어요. 현재 이 미생물은 전 세계에서 동아시아인의 장속에서만 볼 수 있습니다.

제 3 장

마주치고 싫지 않은 미생물

이 장에서는 질병을 일으키는 미생물들을 소개합니다. 몸에 피해를 주거나 체내에서 독을 만들어내는 등 미생물이 인간에게 끼치는 '악영향'에는 다양한 방법이 있는 모양이에요.

마주치고 싶지 않은 미생물의 기초 지식

체내에서는 면역과 미생물이 싸운다!

병원체를 통해 질병에 감염되는 구조란 무엇일까?

인체에서 병을 일으키는 미생물을 병원체라고 합니다. 병원체가 음식물로 체내에 들어와 설사나 구토 등을 일으키는 현상을 식중독이라고 하며, 체내에 병원체가 있는 사람이나 동물로부터 다른 사람에게 옮기는 것을 감염증이라고 해요. 식중독 중에는 체내에 들어온 병원체가 다른 사람에게 전염되는 종류도 있어요. 생활습관병 등을 제외하고 **대부분의 질병을 일으키는 요소는 세균이나 바이러스, 진균이며 인류 의학의 진보는 병원체와 싸워온 역사**입니다.

병원체가 체내에 들어와도 그 즉시 병에 걸리는 것은 아니에요. 인체에는 자동적으로 이물질과 싸우는 자연 면역과 과거에 감염된 적이 있는 병원체를 배제하는 획득 면역이라는 2단계의 면역 체계가 있습니다. 병원체가 체내에 침입하면 면역과의 싸움이 일어나요. 그때 병원체가 이기면 병이 발생합니다. 또 P28에서 소개한 상재균 중에도 체력이 떨어져서 면역력이 저하되면 병을 일으키는 '기회균'이라는 종류도 있으며 질병을 일으키는 원인이 됩니다.

병원체와 면역의 싸움

감염증을 일으킨다

병원체

[공격 방법]

- 증식해서 증상을 일으킨다
- 인체에 독을 만든다
- 인체를 망가뜨리는 효소를 만든다
- 면역 기능을 망가뜨린다

질병으로부터 몸을 보호한다

면역

[수비 방법]

- 면역세포가 병원체를 잡아 먹는다
- 항체를 만들어서 병원체를 공격한다.

병원체 승리!

[세균]

마이코플라스마(P58) … 폐렴

탄저균(P68) … 탄저병

[바이러스]

인플루엔자 바이러스(P76) … 인플루엔자

코로나 바이러스(P78) …… 감기

[진균]

백선균(P72) …… 무좀

칸디다(P74) …… 칸디다증

면역 승리!

인체에는 백혈구 등의 자연 면역과 병에 한 번 걸리면 병원체를 배제하는 항체라는 물질을 만드는 두 가지 면역 체계가 있다.

면역계의 기회주의자!? 강자의 편을 드는 '기회균'

세균은 인간에게 도움을 주는 유익균, 악영향을 주는 유해균, 어느 쪽도 아닌 기회균으로 나눌 수 있다. 기회균은 강자의 편을 들기 때문에 유익균이 우위를 차지한 건강한 사람에게는 해를 끼치지 않는다. 그러나 체력이 떨어져서 유해균이 우위를 차지한 사람은 이 기회균이 병을 일으키기도 한다.

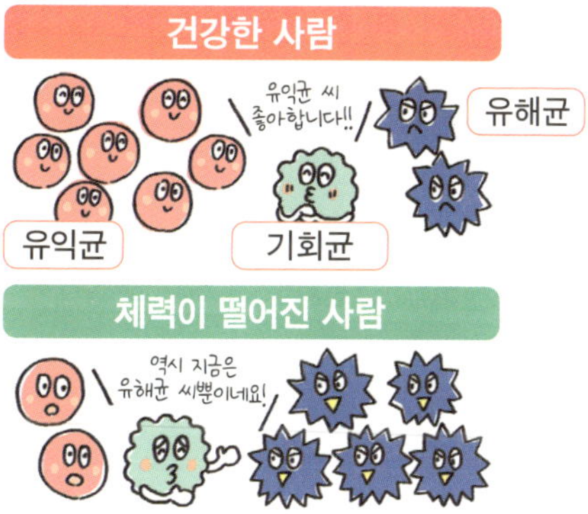

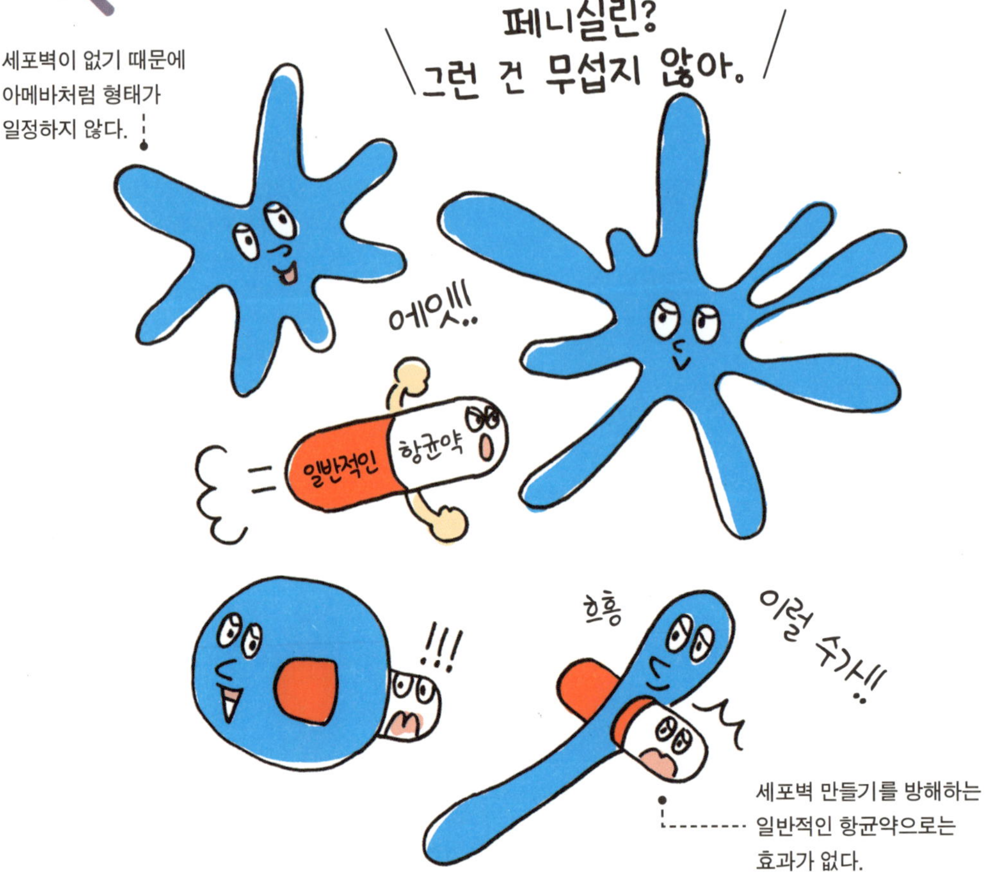

형태가 없고 약도 잘 듣지 않는 특수한 생태를 갖고 있다

마이코플라스마

기준 크기 125×250nm 정도

발육 온도 —

주요 서식처 인간이나 소, 돼지의 체내나 식물, 곤충 등에도 있다. 비말 감염이나 접촉 감염으로 전염된다.

세균 | 고세균 | 진균 | 바이러스

호기성 | **혐기성**

4년 주기로 유행하기 때문에 '올림픽병'이라고도 한다. 젊은 사람이 폐렴에 걸리는 주요 원인이다.

공헌도 ♥♡♡♡♡

위험도 !!!!!(3/5)

폐렴의 원인 중 약 5퍼센트라고 한다. 감기 증상에 더해서 기침이 오랫동안 지속된다.

기도에서 증식해 기침이 심하게 난다!

마이코플라스마는 생물학적으로 세균으로 분류되는 가장 작은 미생물입니다. **균의 크기가 세균과 바이러스의 중간 정도이며 다른 세균처럼 세포 분열해서 증식합니다. 하지만 세포벽이 없어서 기생 세균의 특징을 갖고 있어요.**

폐렴 마이코플라스마는 마이코플라스마 중에서 감염증을 일으키는 병원체로 유명합니다. 폐렴의 대표적인 원인 중 하나로 감염 경로가 대부분 비말이나 접촉을 통한 것이에요. 폐렴 마이코플라스마는 체내에 침입한 후 기도의 점막 표면에 붙어 증식해서 기관지나 폐포 등에 손상을 입히고 마른기침, 두통, 권태감 등 감기와 비슷한 증상을 일으킵니다.

또한 앞에서 설명했듯이 마이코플라스마에는 세포벽이 없습니다. 그래서 **병원균의 세포벽에 영향을 줘서 균을 사멸시키는 페니실린계(P130)의 항생물질은 효과가 없어요.** 특수한 항생물질이나 자연 치유로 회복을 바라는 것이 일반적입니다.

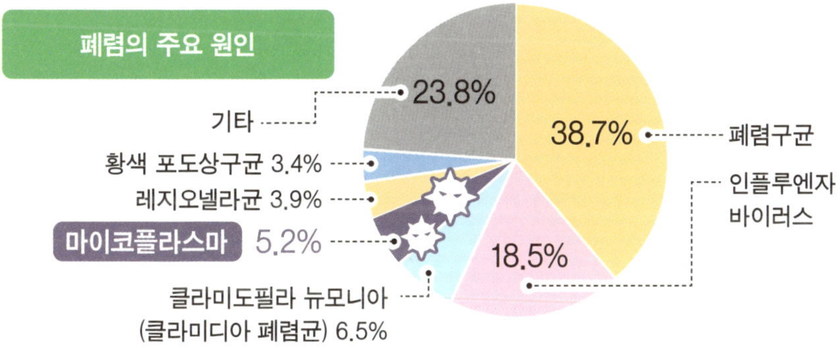

벼룩아, 새로운 숙주를 찾아서 높이 날아올라라!
가자!!!
매개 생물이 인간을 찔러서 감염시킨다.
벼룩이나 진드기 등의 매개 생물이 균을 운반한다.

벼룩이나 진드기가 병원균을 전달한다

리케차

기준 크기 0.5~2.0μm 정도

발육 온도 —

주요 서식처 쥐 등의 소형 포유류나 진드기, 이, 쓰쓰가무시(털진드기의 일종)로부터 인간에게 감염된다.

세균 | 고세균 | 진균 | 바이러스

호기성 | 혐기성

진드기 등의 절지동물을 매개로 해서 인간에게 감염되는 세균인데 세포 밖에서는 증식하지 못하는 성질이 있다.

공헌도 ♥♡♡♡♡

위험도 ! ! ! (3/5)

인간에게 감염되면 발진이 생기며 혈관 파열이나 괴사를 일으킨다.

한 번 물리면 목숨을 빼앗길 수도 있다

리케차는 일반적인 세균보다 작고 공 또는 막대 모양을 띱니다. 예전에는 바이러스에 가깝다고 판단했으나 생물학적인 특징은 세균이라는 사실을 알고 현재는 세균으로 분류해요.

여러 종류의 병원성이 있으며 사람과 쥐 등의 척추동물 모두에게 감염되는 인수 공통 감염병의 원인이 됩니다. **병원성인 리케차에 감염된 척추동물로부터 매개가 되는 진드기나 벼룩 등이 사람을 찔러서 감염됩니다.** 쓰쓰가무시병도 그중 하나로 진드기의 일종인 털진드기를 통해서 리케차가 체내에 침입하면 혈류를 타고 혈관 세포에서 증식하여 혈관염을 일으킵니다. 그러면 온몸에 발진이 생기고 최악의 경우 다장기부전이 일어날 위험성도 있어요. 그렇다고 해도 쓰쓰가무시병은 흙속에 서식하는 털진드기에게서 감염되므로 피부를 노출하지 않는 옷차림을 하면 막을 수 있습니다.

그 밖에도 흡혈 진드기에게 물려서 고열과 발진, 권태감 등의 증상을 일으키는 일본 홍반열 등도 병원성 리케차가 원인입니다.

리케차가 일으키는 주요 감염증

Q열

감염된 흡혈 진드기를 매개로 해서 인간에게 감염된다. 주요 증상으로는 급격한 발열과 오한, 두통, 근육통 등이 있다.

발진티푸스

이를 매개로 해서 인간에게 감염된다. 주요 증상으로는 발열과 두통, 오한, 수족 동통 등이 있다.

일본 홍반열

감염된 흡혈 진드기를 통해 인간에게 감염된다. 주요 증상으로는 고열과 두통 및 찔린 부위의 홍반이 있다.

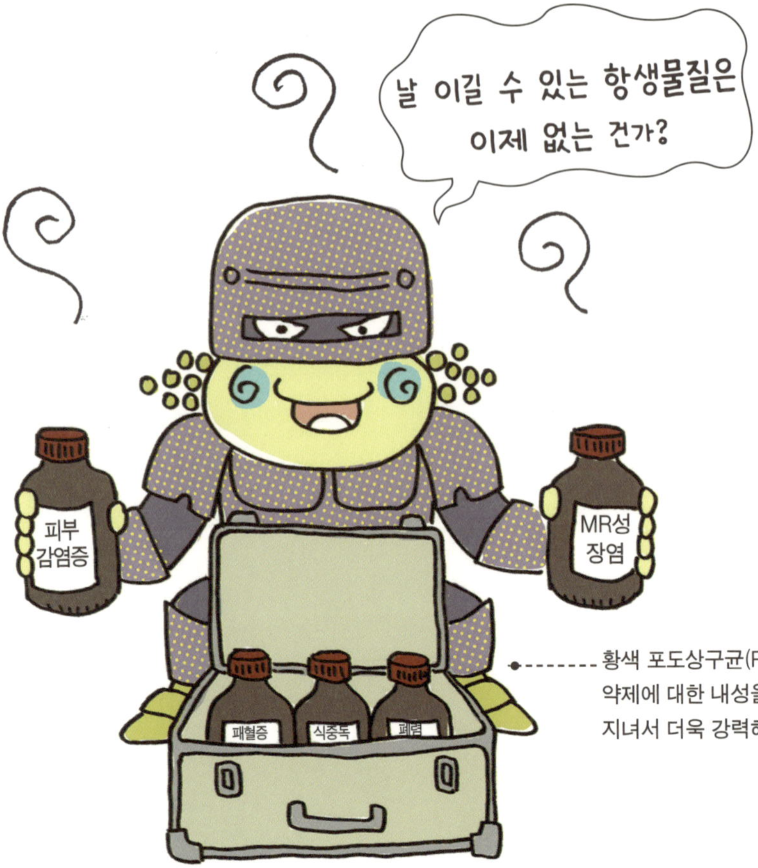

황색 포도상구균(P32)이 약제에 대한 내성을 지녀서 더욱 강력해진다.

항생물질이 효과가 없는 엄청난 문제아

MRSA
(메티실린 내성 황색 포도상구균)

기준 크기 0.8×1.0μm 정도

발육 온도 35~40℃ 정도

주요 서식처 인간의 피부 표면이나 콧구멍 속, 장 속 등에서 볼 수 있으며 병원 안에도 서식한다.

세균 고세균 진균 바이러스

호기성 **혐기성**

황색 포도상구균이 약제에 내성을 가진 병원균. 황색 포도상구균과 마찬가지로 건강한 사람의 몸에 서식하기도 한다.

공헌도 ♥♥♡♡♡

위험도 ❗❗❗❕❕

페니실린 외에 여러 유형의 항생제에 내성이 있다.

의료 현장을 괴롭히는 진화한 세균

1932년에 세계 최초의 항생물질 페니실린(P130)이 개발되었습니다. 그러나 의료 현장에서 널리 사용하기 시작하자 페니실린이 듣지 않는 내성이 있는 세균이 나타났어요. 그 이후 새로운 항생물질이 개발될 때마다 내성을 가진 균이 발견되고 있습니다. 그중에서도 MRSA(메티실린 내성 황색 포도상구균)은 현재 의료 현장에서 문제가 되고 있습니다.

다른 황색 포도상구균(P32)과 마찬가지로 MRSA도 사람의 피부나 코에 서식하는 상재균입니다. 건강한 사람에게는 무해하지만 **지병이 있는 사람이나 면역력이 떨어진 사람에게는 일반적인 황색 포도상구균보다 더 심각한 감염증을 일으킵니다.** 특히 수술 후의 환자나 입원 중인 중증 환자는 감염되면 위독해지는 경우가 많은데 항생물질에 내성이 있는 탓에 치료하기 어렵습니다. 폐렴이나 패혈증, 복막염 등 죽음과 직결되는 병으로 이어지는 사례도 꽤 많아요.

약제 내성균으로는 MRSA 외에도 여러 가지 약제에 대한 내성을 가진 녹농균(P36)인 MDRP(다제 내성 녹농균) 등도 위협이 되고 있습니다.

균에 내성이 생기는 이유

① 농도가 낮은 약제를 투여

병원균이 약제에 서서히 익숙해져서 내성이 생긴다.

② 완치되기 직전에 약제를 중단

균이 사멸하기 전에 약의 복용을 끊으면 내성이 생긴 균만 살아남는다.

③ 똑같은 약제를 장기적으로 투여

똑같은 약을 장기 투여하면 내성균이 생길 확률이 높아진다.

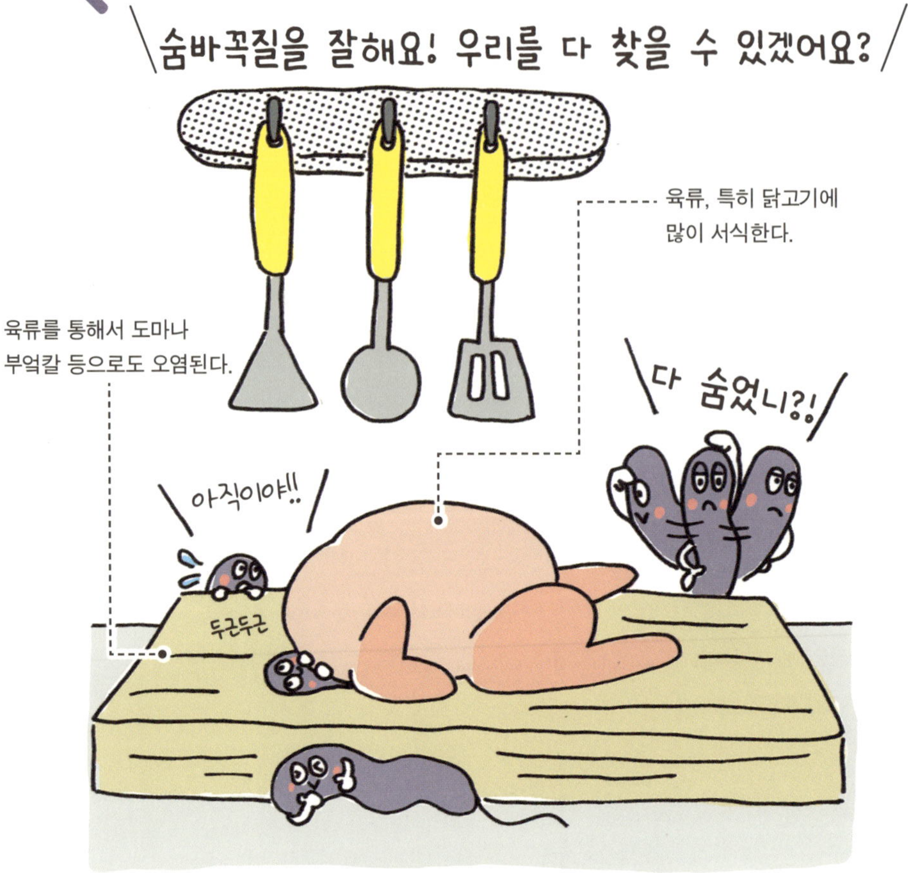

'소수정예'로 식중독을 일으킨다!

캄필로박터

기준 크기	0.2×5.0μm 정도
발육 온도	34~43℃ 정도
주요 서식처	소와 돼지, 닭, 양, 개, 고양이 등 동물의 소화기관에 서식. 특히 닭에 많이 있다.

세균 | 고세균 | 진균 | 바이러스

호기성 | 혐기성

몸에 편모를 갖고 있으며 운동성이 있다. 기본적으로 혐기성이지만 산소 농도 3~15퍼센트의 환경에서도 증식한다.

공헌도 ♥♡♡♡♡

위험도 !!!!!

1982년에 식중독균으로 지정되었으며 캄필로박터증의 원인이 된다.

도마나 부엌칼을 통해서 퍼진다

균체가 S자와 같은 형태를 띤 캄필로박터는 동물의 장에 서식하는 상재균입니다. 가축의 유산이나 장염의 원인균으로 알려져 있었어요. 하지만 **1970년대에 위염이 발병한 사람에게서도 검출되어 현재는 사람에게도 감염되는 병원균**으로 유명합니다.

캄필로박터로 식중독을 일으키는 식재료 중에서는 닭고기가 가장 많습니다. 캄필로박터는 보통 저산소 환경에서만 증식할 수 있어요. 건조한 환경에도 약한 탓에 실온의 공기 중에서는 사멸하며 가열 조리해서 살균할 수 있습니다. 일반적으로 병원균이 인간에게 감염되려면 10만 개 이상이 몸속에 침입해야 합니다. 그러나 **캄필로박터는 수백 개 정도의 아주 적은 양으로도 감염되는 데다 닭의 간 등에도 침입합니다.** 그래서 가열하지 않은 생닭 등에는 남아 있는 경우가 많아서 이를 통해 감염되는 사례가 있는 모양이에요.

또한 닭고기 요리에 사용한 부엌칼이나 도마를 통해서 다른 식품에 캄필로박터가 전염되는 '2차 감염'이 일어날 수도 있는 성가신 존재입니다.

전자현미경으로 본 캄필로박터

나선 구조의 캄필로박터는 '굽은 막대'라는 의미의 그리스어에서 유래한다.

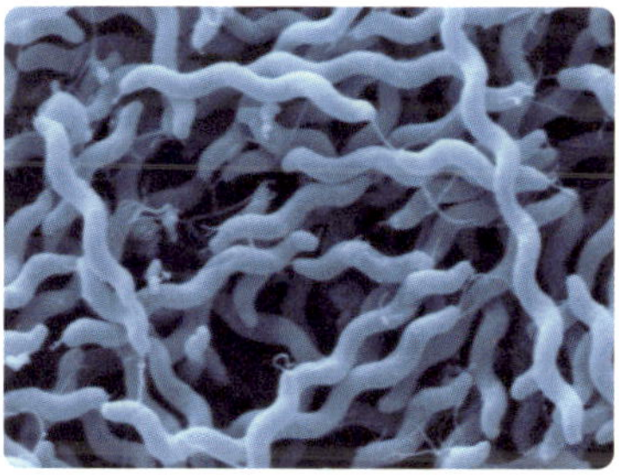

면역력이 낮은 아이는
내가 잡아먹을 테다.
전격성형은 치사율이 높아서 '식인 박테리아'라고 부르기도 한다.
농가진이나 인두염을 일으킨다.

피부와 근육을 급속하게 괴사시킨다

용혈성 연쇄상구균

기준 크기 2.0μm 정도

발육 온도 37℃ 정도

주요 서식처 인간의 콧구멍 속 등에 서식. 비말 감염이나 직접적인 접촉 감염으로 전염된다.

세균 | 고세균 | 진균 | 바이러스

호기성 | 혐기성

구균이 이어진 연쇄상구균의 일종으로 흔히 볼 수 있는 상재균이다. 하지만 체력이 약해지면 다양한 질환을 일으키는 원인이 된다.

공헌도 ♥♡♡♡♡

위험도 ●●●●○

면역 등의 질병 외에 진행이 빠른 치사성 질환도 일으킨다.

너무나도 무서운 '식인 박테리아'

용혈성 연쇄상구균은 공 모양이 이어진 연쇄상구균입니다. 배양할 때 적혈구를 녹이는 기능이 확인되었기 때문에 이 이름이 붙었습니다. 여러 가지 종류가 있는데 일반적으로 '용련균'이라고 하는 것은 A군β용혈성 연쇄상구균이라는 종류(이하 용련균)를 말합니다. 용련균은 목이나 피부 등에 존재하는데 어린 아이와 저항력이 떨어진 성인에게 병원성을 발휘합니다.

해마다 공기가 건조한 겨울이 되면 용련균 감염증이 유행합니다. 용련균 중에는 **세포 조직을 급격하게 파괴하여 피부와 근육 괴사, 다장기부전을 일으키는 급성 전격성형 용혈성 연쇄상구균 감염증의 통칭 '식인 박테리아'라고 하는 종류도 있어요.** 치사율이 매우 높지만 그 구조는 명확하지 않은 점도 많아서 연구가 진행되고 있습니다.

용련균 외의 증상으로는 목 등에서 균이 증식하여 발병하는 인두염과 편도선염, 농가진(피부에 감염된 세균이 다른 장소로도 옮는다) 등이 있어요. 주로 감염자의 기침 등을 통해 비말 감염되기 때문에 감염 확대가 일어날 수도 있습니다.

용혈성 연쇄상구균 감염증의 주요 증상	
인후통(목의 통증)	용혈성 연쇄상구균은 주로 목에 감염되기 때문에 **목에 강한 통증**이 나타난다.
발열	38도 이상, 때로는 **40도를 넘기도** 한다.
발진	**온몸에 가려움을 동반하는 붉은 발진**이 나타난다. 발진 한 개는 2밀리미터 이하지만 서로 이웃한 발진이 이어져서 한 면이 붉게 보이기도 한다.

흙속에서 몇 십 년이나
독성을 유지한 채로 서식한다.
나를 깨우면
후회할 거야.
한번 일어나서 사람에게 감염되면
죽음에 이르게 할 수도 있다.

흙속에서 오랫동안 숨어 있는 '검은 악마'

탄저균

기준 크기 1.2×5.0μm 정도

발육 온도 37℃ 정도

주요 서식처 전 세계의 흙속에 존재하며 소나 말 등의 초식동물로부터 인간에게 감염된다.

세균 | 고세균 | 진균 | 바이러스

호기성 | **혐기성**

1,000종류가 넘으며 탄저병의 병원체가 되는 세균. 세균이 병의 원인이 된다는 사실을 발견했다.

공헌도 ♥♥♥♡♡

위험도 !!!!!

생물병기로도 사용할 정도로 위험한 균이지만 수많은 항생물질이 효과가 있다.

생존력이 강한 탄저균

탄저균은 1876년 독일의 세균학자 로베르트 코흐에 의해 발견되었습니다. 서식 환경이 나빠지면 아포를 형성하는 탄저균은 열이나 건조에 강한 내성이 있어서 흙속에서 오랫동안 생존합니다.

터키에서 파키스탄에 걸친 탄저균의 오염도가 높은 지역(통칭 탄저벨트)에서는 해마다 감염자가 보고되고 있습니다. **대부분의 탄저병은 오염된 흙에 상처 부위가 닿아서 감염되는 피부 탄저**입니다. 상처 부위로 침입한 탄저균은 발아해서 체내의 영양소를 흡수하며 급속하게 증식합니다. 벌레에게 물린 것과 비슷한 빨간 혹으로 시작해서 최종적으로는 피부를 까맣게 괴사시킵니다. **적절한 치료를 하지 않으면 혈류를 따라 독소가 온몸으로 퍼져서 최악의 경우에는 죽음에 이를 수도 있어요.**

한국에서는 2000년, 일본에서는 1994년을 마지막으로 사람이 감염된 사례는 확인되지 않지만 미국에서는 2001년 탄저균을 우편물에 동봉해서 감염시키는 생물 테러가 발생하여 다섯 명이 사망했습니다.

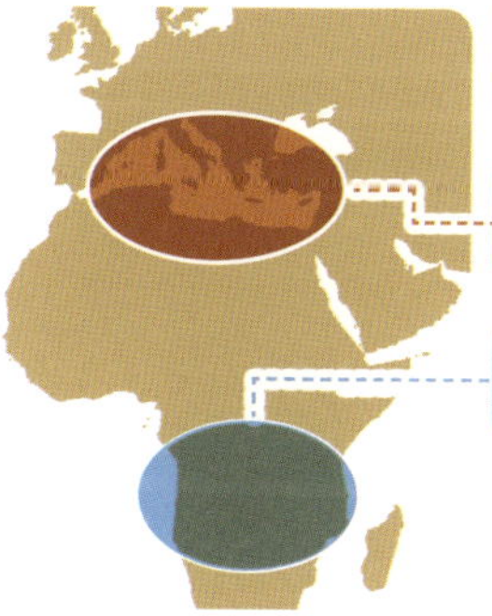

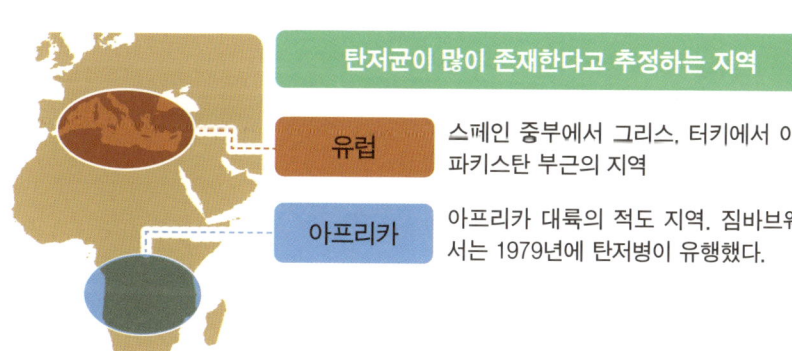

탄저균이 많이 존재한다고 추정하는 지역

유럽	스페인 중부에서 그리스, 터키에서 이란, 파키스탄 부근의 지역
아프리카	아프리카 대륙의 적도 지역. 짐바브웨에서는 1979년에 탄저병이 유행했다.

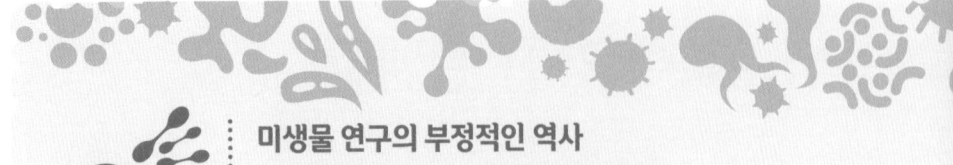

미생물 연구의 부정적인 역사

Column

생물병기란 무엇인가?

인류는 생활을 풍요롭게 하는 미생물 연구뿐만 아니라 인간을 죽이기 위해서 미생물을 이용한 생물 병기도 연구해 왔습니다. 생물 병기는 핵무기나 독가스 등의 화학 무기와 함께 수많은 인간을 살상할 수 있는 '대량 살상 무기' 중 하나로 손꼽힙니다.

지금까지 생물 병기로 이용한 미생물은 탄저병을 일으키는 탄저균(P68)이나 14세기에 유행한 '흑사병'의 원인인 페스트균 등이 있습니다. 그런 생물 병기에는 세 가지 특징이 있습니다.

❶ 자동적으로 영향이 퍼져 나간다

사람에게서 사람으로 감염되어 자동적으로 영향 범위를 넓혀가는 점이 다른 병기에서는 볼 수 없는 가장 큰 특징입니다. 감염증에는 잠복 기간이 있기 때문에 모르는 사이에 감염이 퍼져갈 수 있습니다. 비행기나 전철 등의 교통수단을 이용해서 먼 곳으로도 감염을 퍼트릴 수 있으므로 교통수단이 발달한 지역일수록 큰 영향을 받습니다.

❷ 저렴한 가격, 쉽게 제조할 수 있다

다른 병기의 제조 시설에 비교해서 미생물의 배양 설비는 비용이 적게 듭니다. 또한 배양에는 전문 지식이 필요할 것 같지만 방법을 설명서로 만들면 쉽게 배양할 수 있는 미생물도 있어요. 규모가 작은 조직에서도 설비와 설명서만 있으면 생물 병기를 쉽게 제조할 수 있습니다.

❸ 사회적 혼란을 일으킨다

감염자가 많아지면 의료 붕괴와 교통, 물류의 마비, 산업 활동 중단 등 사회는 정상적인 기능을 상실해서 엄청난 혼란 상태가 일어납니다.

생물 병기는 이처럼 위험한 특징이 있기 때문에 개발과 사용을 국제법으로 금지합니다. 하지만 안타깝게도 이런 국제법을 승인하지 않는 나라와 지역도 있습니다.

2020년 신종 코로나 바이러스(P78)로 감염병이 나라와 지역에 주는 커다란 영향력을 재확인한 현재, 생물 병기에 대한 경계가 지금보다 더 필요해질 수도 있어요.

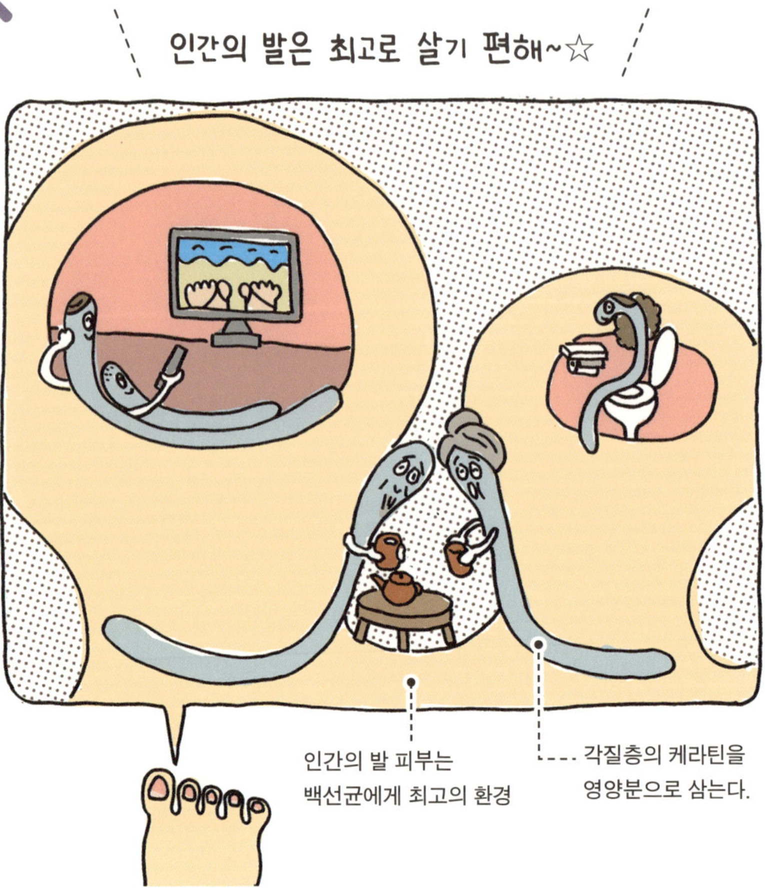
인간의 발은 최고로 살기 편해~☆
인간의 발 피부는
백선균에게 최고의 환경
각질층의 케라틴을
영양분으로 삼는다.

무좀의 원인은…… 곰팡이!?

백선균

기준 크기 5.0μm 정도

발육 온도 25~27℃ 정도

주요 서식처 피부 표면이나 털, 손톱 등 케라틴이라는 단백질이 있는 장소에 서식.

세균 | 고세균 | **진균** | 바이러스

호기성 | 혐기성

인체에서 증식하기 시작하면 가려움을 유발하는 염증이 생긴다. 한동안 그대로 두면 염증이 가라앉고 공존 상태를 이룬다.

공헌도 ♥♡♡♡♡

위험도 !!

각질층에 기생해서 피부병을 일으킨다. 손이나 몸에도 감염되지만 90퍼센트는 발에 옮는다.

무좀이 잘 낫지 않는 이유는?

일본인의 5명 중 1명이 감염되어 있다고 알려진 **무좀은 사람에게 기생하는 진균인 백선균이 원인**입니다. 피부에서 균사를 뻗듯이 증식하기 때문에 '피부사상균'이라고도 하며 감염된 부위에 따라 완선(샅백선증), 무좀(발 백선이나 손톱 백선) 등의 별명으로 부릅니다.

백선균은 공용 수건이나 슬리퍼 등을 통해서 피부에 접촉하는 경우가 많으며 각질에 포함된 케라틴이라는 단백질을 영양분으로 삼아 증식합니다. 피부 표면 외에 케라틴이 많이 함유된 손톱이나 체모에도 기생합니다. 또한 '습기가 많아서 축축한 환경', '청결하게 유지되지 않는다'는 조건 등이 갖춰지면 몸에 달라붙은 뒤 1~2일 이내에 각질층에 침입해서 감염됩니다. 발에 감염되는 사람이 많은 이유는 신발 속이 백선균에게 이상적인 환경이기 때문이에요.

그 밖에도 생명력이 매우 강하다는 점도 백선균의 특징입니다. 증상이 가라앉은 것 같아도 각질층 속에서 활동을 삼가고 있을 뿐이며 다시 증식을 시작하는 사례도 있습니다. 따라서 한 번 감염되면 완치가 어렵다고 해요.

발 백선과 발톱 백선의 모습

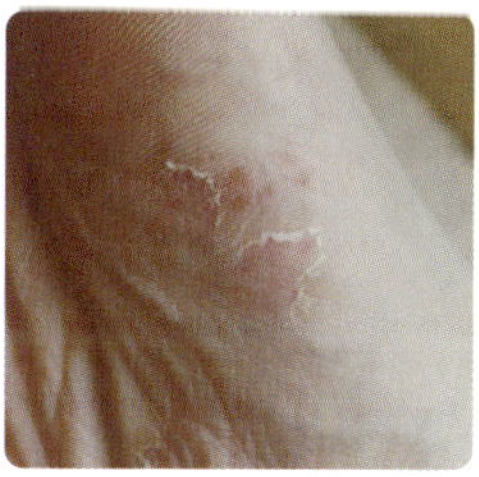

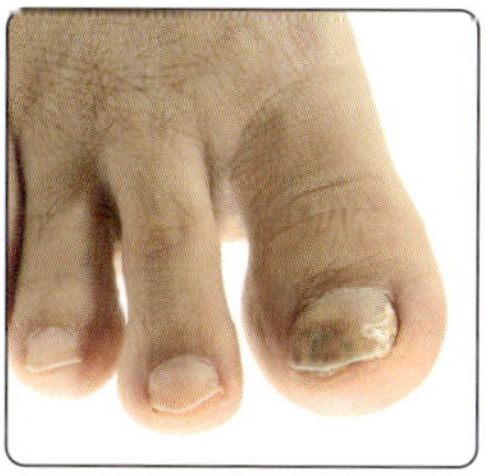

발 백선이나 발톱 백선은 습도가 높고 위생적이지 못한 상태가 오랜 시간 지속되면 감염되거나 더 악화된다.

\ 피곤한 여성에게 계속 피해를 준다! /

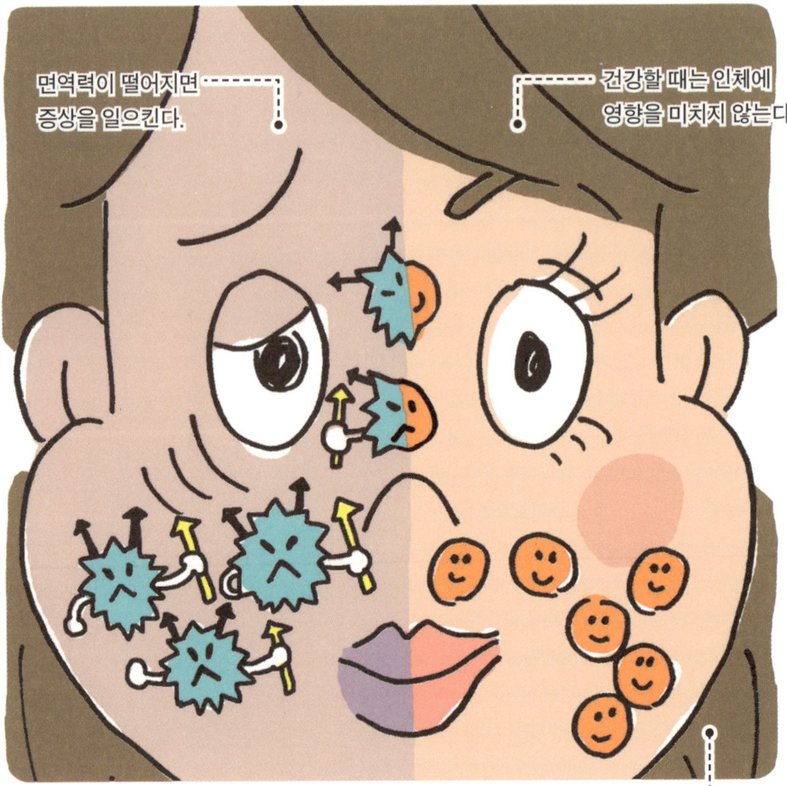
면역력이 떨어지면
증상을 일으킨다.
건강할 때는 인체에
영향을 미치지 않는다.
여성에게서 증상이
나타나는 경우가 많다.

체력이 떨어지면 나쁜 균으로 변신한다

칸디다

최대 크기 3.0×10μm 정도

발육 온도 25~31℃ 정도

주요 서식처 인간의 입속이나 소화기관, 샅굴 부위(서혜부), 음부 등의 습한 부분에서 쉽게 증식한다.

세균 | 고세균 | **진균** | 바이러스

호기성 | 혐기성

건강한 사람의 몸에도 서식하는데 면역력이 떨어지면 증상이 나타난다. 재발을 반복하기 쉽다.

공헌도 ♥♥♡♡♡

위험도 !!

평소에 인체에 존재하는데 몸 상태가 나쁠 때 질병을 일으킨다.

조건을 갖추면 증식해서 활성화한다!

입이나 장, 질내 등에 서식하는 칸디다는 일반적으로 유산균(P90) 등에 의해 활동을 억제당합니다. 그런데 **피로나 스트레스로 면역력이 떨어지면 증식해서 질병을 일으킵니다.** 이 병이 수많은 여성들을 괴롭히는 칸디다증이에요. 성행위를 통해 감염되는 성감염증 중 하나로 자연적으로 발생하는 사례가 많다고 합니다.

칸디다균이 증식하기 쉬운 조건으로는 면역력의 저하와 더불어 **장내 환경의 악화로 인한 유산균 감소, 피부에 밀착한 속옷으로 조성된 고온다습한 환경** 등이 있습니다. 여성의 경우 외음부나 질 등에서 증상이 잘 나타나며 발진과 흰 요구르트 모양의 분비물이 나오는 증상 등을 볼 수 있습니다. 또한 입속에서 발병한 경우에는 혀가 하얀 이끼 모양의 막으로 뒤덮이는 증상이 나타납니다.

남성에게서 증상이 나타나는 경우는 적은 듯하지만 매우 드물게 성기의 가려움증이나 요도염을 일으켜요. 막 긁어 대서 악화되는 사례도 있으므로 신속한 치료가 중요합니다.

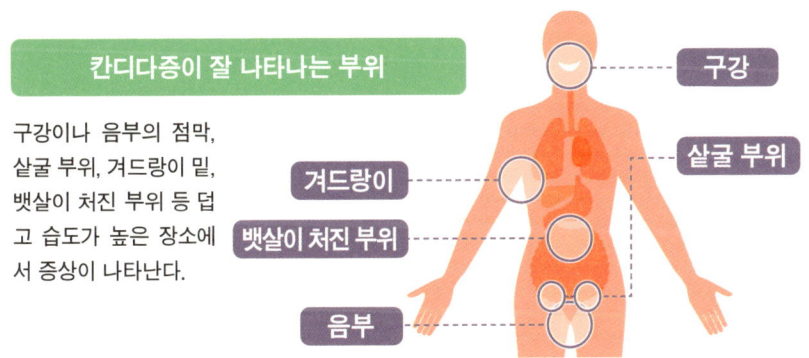

칸디다증이 잘 나타나는 부위

구강이나 음부의 점막, 살굴 부위, 겨드랑이 밑, 뱃살이 처진 부위 등 덥고 습도가 높은 장소에서 증상이 나타난다.

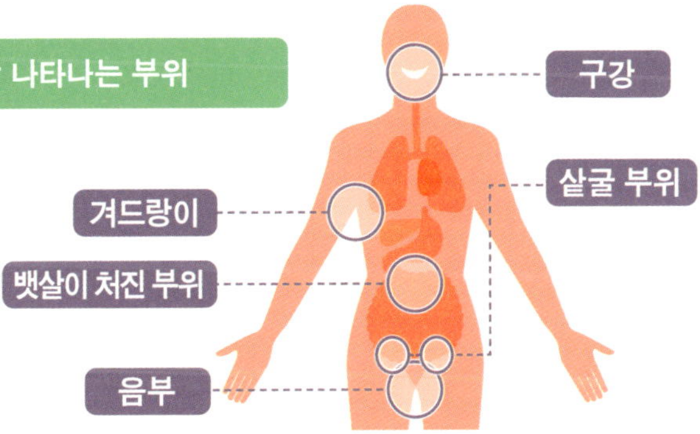

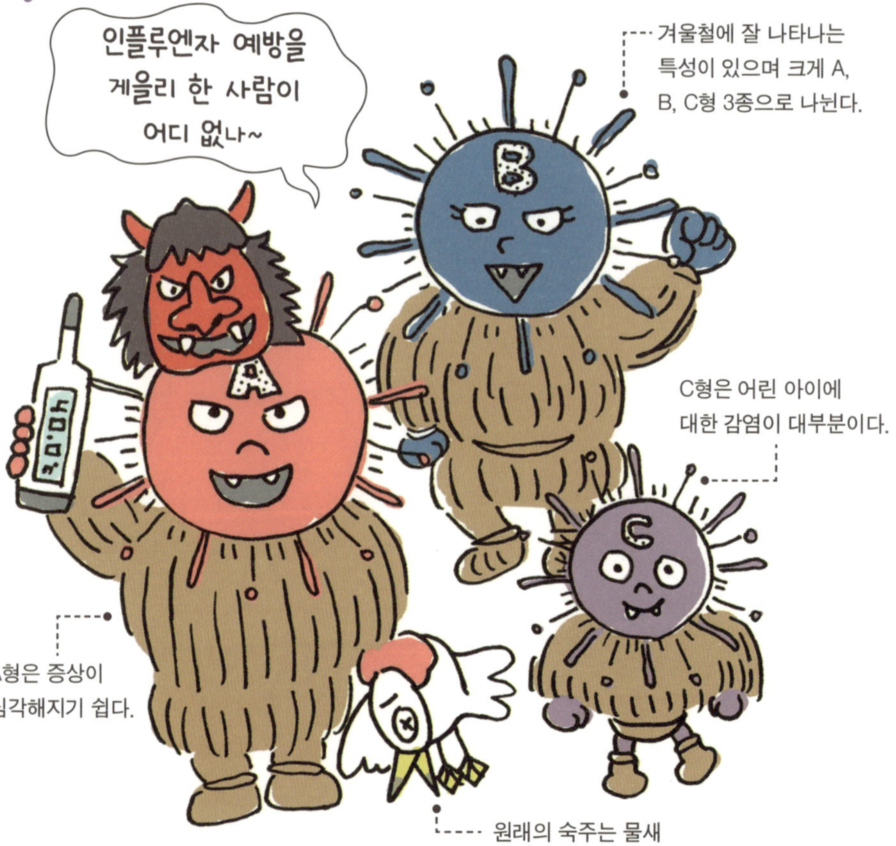

해마다 성질을 아주 쉽게 바꾸는 이상한 바이러스

인플루엔자 바이러스

기준 크기 90~120nm 정도

발육 온도 —

주요 서식처 지구상의 모든 곳에 존재. 비말 감염, 접촉 감염 등으로 전염된다.

세균 | 고세균 | 진균 | **바이러스**

호기성 | 혐기성

원래는 오리 등의 장에 존재하는 바이러스였는데 갑작스러운 변이로 인간의 호흡기를 통한 전염성을 얻었다고 한다.

공헌도 ♥♡♡♡♡

위험도 ❗❗❗❗❕

계절 구분이 있는 지역에서는 겨울철에 유행한다. 치사율은 높지 않지만 고령자에게는 위험하다.

늘 변화해서 해마다 유행한다

해마다 겨울에 전 세계에서 크게 유행하는 인플루엔자는 **인수 공통 감염병 중 하나이며 고열과 관절통 등 전신 증상이 나타납니다.** 그 원인인 인플루엔자 바이러스는 크게 A~C형으로 나뉘는데 특히 A형이 유행하기 쉽습니다.

A형 인플루엔자 바이러스의 표면에는 헤마글루티닌(HA)과 뉴라미니다아제(NA)라는 단백질로 이루어진 미세한 돌기가 있습니다. 숙주의 세포에 붙어서 세포 안에 바이러스 유전자를 침입시키는 HA와 바이러스를 세포에서 방출시키는 NA의 기능으로 증식합니다.

또한 HA와 NA의 성질은 늘 변화(항원 소변이*)하기 때문에 **한번 감염되어 면역을 얻어도 새로운 성질의 인플루엔자 바이러스에는 대항하지 못합니다.**

또 소변이와 달리 완전히 새로운 바이러스가 등장할 수도 있어요. 2009년에는 신종 플루(신종 인플루엔자, A(H1N1))라고 하는 바이러스가 나타나 전 세계적으로 대유행했습니다. 돼지에서 유래한 이 인플루엔자도 항원 대변이*를 통해 새롭게 생겨난 바이러스 중 하나입니다.

A형 B형 C형 인플루엔자의 차이

A형

고열과 오한 등 심각한 증상이 잘 나타난다. 바이러스가 점점 변이하는 탓에 면역 기능이 떨어져서 유행하기 쉽다.

B형

A형보다 증상이 가벼우며 설사나 복통 등의 증상이 있다. 잘 변이하지 않아서 백신으로 예방 효과를 얻을 수 있다.

C형

증상은 콧물 정도로 가볍다. 한 번 얻은 면역이 평생 기능하기 때문에 성인은 거의 걸리지 않는다.

*항원 소변이(antigenic drift) : 바이러스의 항원 유전자에 돌연변이가 축적되어 항원이 점진적으로 변하는 메커니즘을 의미하며 항원연속변이라고도 불린다.

*항원 대변이(antigenic shift) : 서로 다른 2종류 이상의 바이러스 유전자가 서로 혼합되어 새로운 형태의 아형(subtype) 바이러스를 형성하고 그 결과 새롭게 형성된 아형 바이러스의 항원성이 크게 변화하는 것이다.

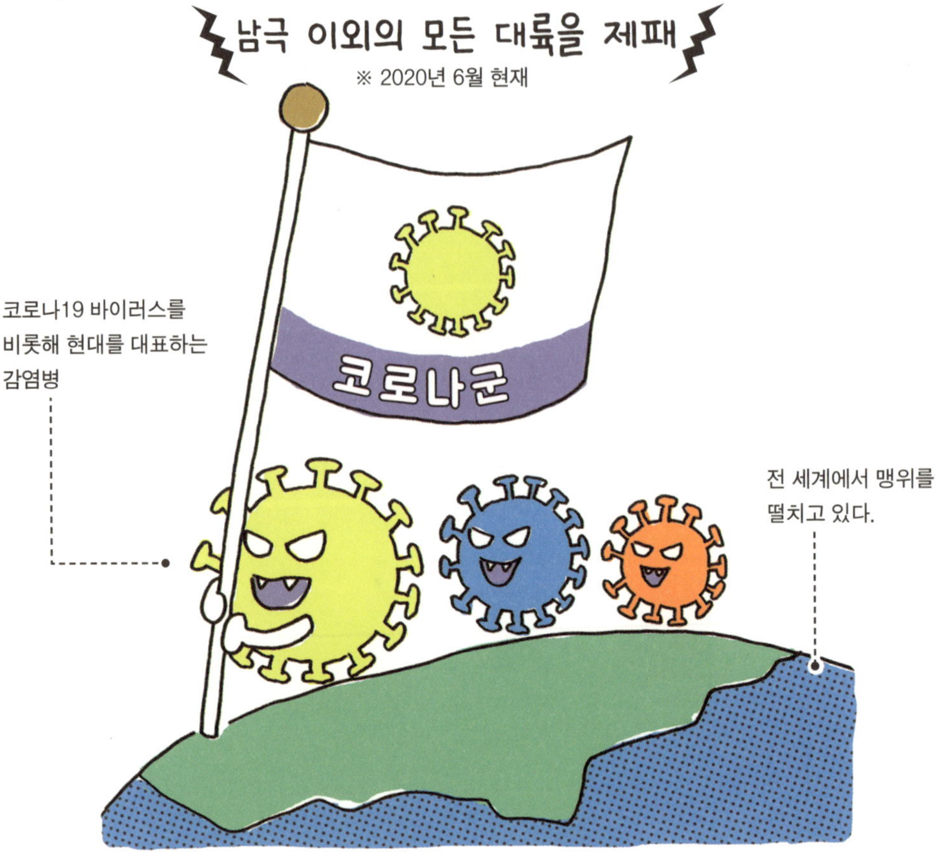
남극 이외의 모든 대륙을 제패
※ 2020년 6월 현재
코로나19 바이러스를
비롯해 현대를 대표하는
감염병
코로나균
전 세계에서 맹위를
떨치고 있다.

전 세계에서 팬데믹을 일으킨다

코로나 바이러스

기준 크기 100×200nm 정도

발육 온도 —

주요 서식처 지구상의 모든 곳에 존재. 비말 감염, 접촉 감염 등으로 전염된다.

세균 | 고세균 | 진균 | **바이러스**

호기성 | 혐기성

총 7종류가 있으며 4종은 일상적인 감기의 원인인 바이러스다. 나머지 3종이 심각한 폐렴을 일으킨다.

공헌도 ♥♡♡♡♡

위험도 ❗❗❗❗ (4/5)

사스(SARS), 메르스(MERS)는 치사율이 매우 높다. COVID-19의 치사율은 아직 명확하지 않다.

세계를 덮친 '코로나 바이러스'의 정체

코로나 바이러스는 일반적인 감기부터 폐렴 등의 심각한 증상까지 일으키는 바이러스군의 총칭이에요. 바이러스 표면에 곤봉 모양의 돌기가 늘어서 있는데 그 겉모습이 태양(코로나)을 닮아서 이런 이름이 붙었습니다. 인플루엔자 바이러스(P76)와 마찬가지로 쉽게 변이한다는 특징이 있습니다.

현재 확인된 코로나 바이러스는 7종입니다. 그중에서 SARS(중증급성호흡기증후군)와 MERS(중동 호흡기 증후군)는 동물로부터 인간에게 감염된 후 사람과 사람 사이에서 감염되었다고 해요. 모두 **비말 감염 또는 접촉 감염으로 퍼져서 고열과 폐렴 증상이 나타납니다.** 효과적인 백신과 치료약이 개발되지 않아서 SARS는 약 10퍼센트, MERS는 약 35퍼센트라는 높은 치사율이 보고되었습니다.

또한 2019년에 7번째인 코로나 바이러스의 집단 감염이 발생했습니다. **코로나19(Covid-19)라는 이름이 붙고 세계적으로 큰 유행을 일으켰어요.** 이것이 원인이 된 질병 때문에 수많은 희생자가 나오고 있습니다.

코로나19(Covid-19) 바이러스의 특징

- 감염되어도 **대부분의 사람에게는 증상이 나타나지 않는다.** 증상이 나타날 경우에도 거의 기침이나 발열 등의 경증이다.
- 고령자나 당뇨병 등의 **지병이 있는 사람은 폐렴이 급속도록 악화**되어 인공호흡기가 필요해진다.
- 70세 이상의 **확진자 중 약 10퍼센트가 몇 주 안에 사망**한다.

생굴을 먹을 때는 날 조심하세요.
주로 굴에서 감염된다.
알코올 소독에 대해서는 내성이 있다.

겨울에 많이 발생하는 감염력 최강의 바이러스

노로바이러스

기준 크기 30nm 정도

발육 온도 —

주요 서식처 인간의 소화기관이나 하구 부근의 조개 속에 서식. 비말 감염이나 접촉 감염으로 전염된다.

세균 | 고세균 | 진균 | **바이러스**

호기성 | 혐기성

건조나 열에 강하고 자연 환경에서도 장기간 활성 상태를 유지한다. 감염력이 강해서 소량의 바이러스로도 감염된다.

공헌도 ♡♡♡♡♡

위험도 !!!!!(3/5)

알코올이나 가열로 소독하기 어려우며, 집단 식중독을 일으킨다.

알코올 소독 효과가 없다!?

지름 약 30nm로 바이러스 중에서도 특히 작아서 '소형 구형(정이십면체) 바이러스'라고 하는 노로바이러스는 식중독을 일으키는 것으로 유명합니다. 세균이 원인인 식중독이 여름철에 많이 발생하는 것에 비해 저온이나 건조를 좋아하는 노로바이러스는 겨울철에 유행하는 경향이 있어요.

바이러스는 지방이나 단백질로 생긴 엔벨로프(P25)라는 막의 유무로 분류하는데 노로바이러스에는 이 막이 없습니다. 엔벨로프가 없는 바이러스는 소독약 등이 잘 듣지 않으며 **노로바이러스도 알코올 소독에 강한 내성이 있어요.**

또한 소량의 바이러스로 감염되거나 발병하기 때문에 종종 집단 식중독의 원인이 되기도 합니다. 주로 **노로바이러스에 오염된 굴 등의 식품을 충분히 가열하지 않고 먹거나 감염자의 구토물에 접촉하면 감염**되어 설사 및 구토 등의 증상이 나타납니다. 이는 위 안에서 증식한 바이러스를 밖으로 내보내려고 하는 몸의 방어 반응이라고 알려져 있어요.

노로바이러스의 예방법

충분히 가열한다

85~90℃에서 90초 이상. 확실하게 가열해서 조리한다.

꼼꼼하게 세정한다

도마나 부엌칼 등의 조리 기구는 자주 씻고 소독도 한다.

신중하게 손 씻기

조리 전에는 손을 씻는다. 구토나 설사 등이 있는 사람은 요리하지 않는다.

백신을 맞은 인간은
물어도 재미없어.
개에게 물려서
발병한다.
백
신
백신으로 거의 100퍼센트
예방할 수 있다.

기원전부터 인류를 끊임없이 괴롭히고 있다

광견병 바이러스

기준 크기 75×180nm 정도

발육 온도 —

주요 서식처 개뿐만 아니라 고양이나 박쥐, 원숭이 등으로부터도 감염된다. 사람끼리는 점염되지 않는다.

세균 | 고세균 | 진균 | **바이러스**

호기성 | 혐기성

거의 전 세계에 분포하며 인간과 개뿐만 아니라 다양한 포유류에 감염된다. 건조와 열, 알코올에 약하다.

공헌도 ♥♥♥♥♥ (0/5)

위험도 !!!!! (3/5)

감염된 경우 백신 접종을 하지 않으면 거의 대부분 사망한다.

치사율 100%인 광견병 바이러스의 감염을 피하려면?

광견병은 발병하면 거의 100퍼센트 죽음에 이른다고 해요. 이 무시무시한 병은 광견병 바이러스가 원인인데 약 4천 년 전부터 존재했습니다. 우리나라에서는 2013년 이후 감염된 사람이 보고 되지 않았지만 현재도 중국이나 인도 등 전 세계에서 연간 5만 명 이상이 광견병으로 목숨을 잃습니다.

광견병은 거의 모든 포유류에게 감염되는 인수 공통 감염증이에요. 광견병 바이러스에 감염된 동물에게 물리면 그 침을 통해 감염됩니다. 상처 부위에서 말초신경을 통해 척추나 뇌에 도달하여 증식합니다. 신경에 침입해 바이러스성 뇌염 증상이 나타나면 **발열과 지각 이상을 비롯해 물을 마시면 목에 극심한 발작이 일어나기 때문에 물을 극도로 피하는 '공수 발작' 등의 증상을 일으킵니다.** 그 후 의식이 혼미해져서 거의 모든 사례에서 사망하게 됩니다.

광견병은 2020년 현재도 발병 후의 치료법이 확립되지 않은 탓에 해외로 나가기 전에는 백신 예방 접종이 필수라고 할 수 있어요.

전자현미경으로 본 광견병 바이러스

광견병 바이러스는 총알과 같은 모양을 띤다.

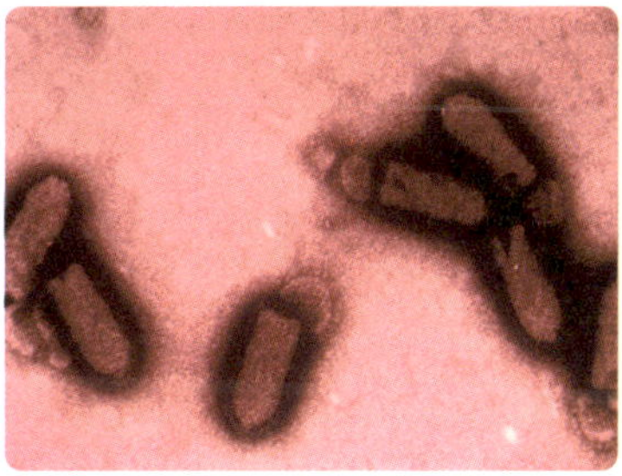

조금만 더 있으면
장기 기록 갱신이었는데
전염력, 내구력이
매우 강하다.
0년
100년
2000년
1980년대에 인류
사상 처음으로
박멸에 성공했다.

인류가 처음으로 이겨낸 역병

천연두 바이러스

기준 크기 300~350nm 정도

발육 온도 —

주요 서식처 현재로는 자연계에 존재하지 않으며 미국과 러시아의 연구소에만 있다고 한다.

세균 | 고세균 | 진균 | **바이러스**

호기성 | 혐기성

예로부터 전해지는 천연두라는 질병을 일으킨다. 치사율이 20~50퍼센트로 높다.

공헌도

위험도

천연두 바이러스에 감염되면 온몸에 고름이 찬 수포가 생긴다.

오랫동안 인류의 적이었지만

광견병과 마찬가지로 천연두는 기원전부터 사람들이 두려워한 존재였어요. 주로 치사율 30~40퍼센트라고 하는 중증형 대두창 바이러스와 치사율 1퍼센트 정도의 소두창 바이러스라는 2종류가 세계로 퍼졌습니다. 공기 감염과 비말 감염 외에도 여러 사람이 사용하는 옷이나 수건 등을 통해서 환부와 접촉해도 감염됩니다. **백신을 접종하지 않은 밀접 접촉자의 발병률은 85퍼센트라는 경이적인 감염력이 있어서** 역사상 몇 번이나 세계 각국에서 유행을 일으켰어요.

천연두 바이러스에 감염되면 발열이나 두통 등의 초기 증상을 거쳐서 온몸에 농포(고름 물집)라는 발진이 퍼집니다. 또한 심각한 염증이 생겨서 쇼크 증상이나 다장기부전이 일어나 목숨을 잃는 경우도 흔합니다. 무사히 회복한 경우에도 심한 마맛자국이 후유증으로 남습니다.

천연두 바이러스는 약 3천 년에 걸쳐서 인류를 괴롭혀왔는데 세계적인 예방 접종으로 **1980년 WHO가 바이러스 근절을 선언하였습니다. 이것은 인류 최초로 현재에 이르기까지 유일한 바이러스 근절 사례가 되었습니다.**

우리 나라의 천연두 역사

- 한국에도 삼국시대에 이미 존재했으며 옛말로 '마마'라고 하였다.
- 한국전쟁 중이던 1951년에는 4만 명이 감염되어 11,530명이 사망할 정도의 위력을 떨쳤다.
- 백범 김구도 어릴 적 천연두를 심하게 앓았었는데, 후유증으로 얼굴에 마마 자국이 군데군데 남아있었다.
- 2022년 질병관리청 통계에 따르면, 한국에서는 1961년 이후 환자 사례가 없다. 천연두가 완전히 사라졌다.

Column

생물 진화에 중요한 바이러스의 역할

바이러스가 전부 위험한 것은 아닙니다. 오히려 생물진화의 커다란 역할을 담당할 수도 있어요.

실제로 생물의 유전자에는 바이러스에서 유래한 유전정보가 많이 포함되어 있습니다. 바이러스에는 기생한 세포의 유전자에 자신의 유전정보를 넣어서 증식하는 종류도 있어요. 그 때문에 생식세포에 기생한 경우에는 숙주의 자손에게까지 바이러스의 유전정보가 계승되기도 합니다. 때로는 숙주 생물의 몸 구조까지 바꿀 가능성도 있어요.

기존의 진화론에서는 생물이 작은 유전자 변이의 축적으로 진화한다고 생각했습니다. 그러나 최근에는 그 정설이 뒤집혀서 온갖 요인에 따른 큰 유전자 변이가 진화를 좌우한다고 판단합니다. 바이러스의 유전정보가 생물에 포함되는 것도 그 요인 중 하나이며 '바이러스 진화설'이라고 합니다.

제 4 장 맛있는 미생물

간장과 낫토, 빵, 김치, 요구르트에 표고버섯 등의 버섯류와 같이 평소 식탁에 오르는 대부분의 식재료는 미생물과 관계가 있습니다. 음식과 관계가 있는 맛있는 미생물을 소개합니다.

맛있는 미생물의 기초 지식

'부패'와 '발효'는 똑같은 현상!?

음식의 맛과 영양분을 변화시키는 미생물

누구나 한 번은 음식을 방치해서 썩힌 경험이 있지 않나요? 이런 음식이 썩는 것, 즉 '부패'라는 현상은 음식에 미생물이 증식해서 발생합니다. 한편 낫토나 김치를 만들 때 필요한 '발효'는 의도적으로 음식에 미생물을 증식시키는 것입니다. 그래서 '부패'와 '발효'는 기본적으로 똑같은 현상이에요. 그중에서 인간이 먹을 수 있으면 발효, 먹을 수 없으면 부패라고 합니다. **발효가 일어나면 증식한 미생물이 음식물에 함유된 영양분을 분해하거나 증가시키거나 변화시킵니다.** 그러면 원래의 음식물보다 소화, 흡수율이 더 올라가거나 풍미와 영양분이 늘어나는 등 변질이 일어납니다.

또한 버섯류도 미생물이 크게 관여하는 음식물이에요. **버섯은 하나로는 눈에 보이지 않을 정도로 작은 진균이 무수히 많이 모인 집합체입니다.** 표고버섯이나 송이버섯 등의 차이는 집합하는 진균의 종류에 따른 차이에요.

부패와 발효의 차이와 발효의 효과

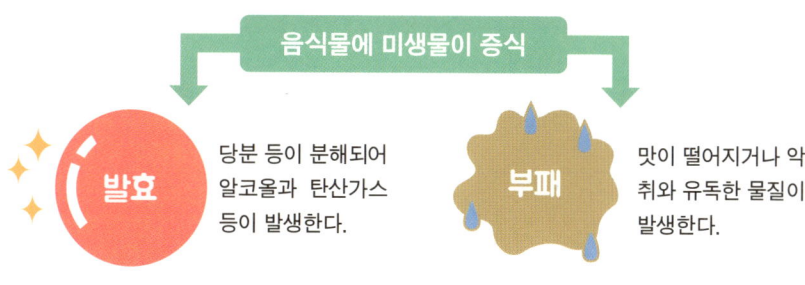

음식물에 미생물이 증식

발효

당분 등이 분해되어 알코올과 탄산가스 등이 발생한다.

부패

맛이 떨어지거나 악취와 유독한 물질이 발생한다.

【좋은 것만 가득한 발효 식품】

단백질과 당질을 분해
UP! 소화, 흡수율

글루탐산과 포도당이 증가
UP! 감칠맛과 풍미

아미노산과 비타민을 생성
UP! 영양가

증식한 미생물이 부패균을 차단
UP! 보존성

미생물이 만들어내는 식품

발효 식품은 미생물의 존재가 알려지기 훨씬 전부터 전 세계에서 만들어졌다. 또 나라 마다의 전통적인 식재료나 요리도 많다.

세균	우유 +	유산균(P90)	= 요구르트
	대두 +	낫토균(P92)	= 낫토
	쌀이나 과일 +	초산균(P98)	= 식초
진균		표고버섯(P102)	= 표고버섯
		송이버섯(P104)	= 송이버섯
		트뤼프(P106)	= 트뤼프(트러플)

요구르트로 장내 환경을 정비하세요♪
요구르트로 유명한 나라는 불가리아
MILK
유산균은 요구르트를 만든다.

요구르트와 치즈를 만드는 귀여운 소녀

유산균

기준 크기	1.0μm 정도
발육 온도	종류에 따라 다르다
주요 서식처	인간이나 동물의 장 속, 식물, 흙 속 등 모든 곳에 존재한다.

세균 / 고세균 / 진균 / 바이러스

호기성 / 혐기성

당류, 아미노산 등으로 유산(젖산)을 만드는 세균류의 총칭. 요구르트나 절임 등 식품의 발효에 관여한다.

공헌도 ♥♥♥♥♥

위험도 !!!!!

몸을 건강하게 하는 작용이 많으며 장내 환경의 건강도 유지한다.

인류의 역사에 유산균이 있다!

유산균은 당을 분해해서 유산을 대량으로 만들어내는 유산 발효를 일으키는 세균의 총칭입니다. 17세기에 네덜란드인 과학자 안톤 판 레이우엔훅이 발견했다고 해요. 그런데 그 전부터 유산 발효로 만든 요구르트와 치즈를 먹은 점에서 미루어 봐도 **예로부터 인류의 식생활을 뒷받침한 미생물**이라고 할 수 있지요.

현재 확인된 유산균은 100종이 넘으며 생육에는 여러 종류의 아미노산과 비타민이 필요하기 때문에 영양분을 얻을 수 있는 동물의 장이나 과일에 서식합니다. **유산을 생성하여 대장 기능을 활성화시킬 뿐만 아니라 면역력 향상과 알레르기 증상을 억제하는 효과도 있는 대표적인 유익균 중 하나**랍니다. 이런 건강 효과와 함께 유산 발효로 상큼한 풍미를 만들어내서 간장이나 천연 양조한 된장, 쌀겨절임 등 다양한 발효 식품의 생산에 이용하고 있어요. 신종 유산균도 계속 발견되고 있어서 앞으로도 건강을 돕는 미생물로서의 활용이 기대됩니다.

주목받는 R-1 유산균

R-1 유산균은 장내 환경을 정비하는 작용과 더불어서 면역력을 높이거나 류머티즘을 예방하는 기능 등도 기대되어 큰 주목을 받고 있다.

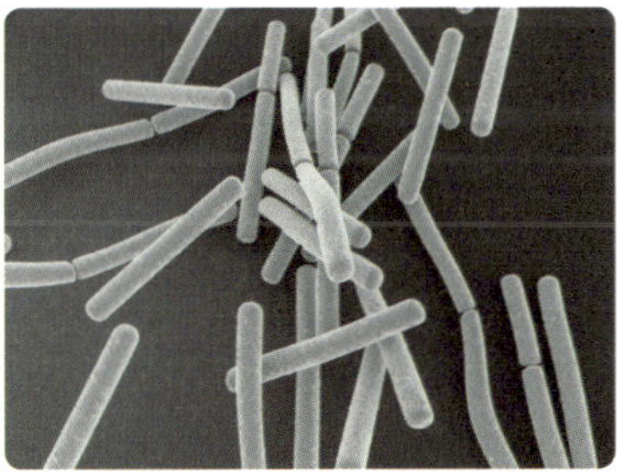

대두와 낫토균이 합체하면
낫토균이 증가해서 대두는
낫토가 된다.
나에게는 너뿐이야!
낫토균은 열에
내성이 있다.

일본인의 '국민적 아이돌균'

낫토균

기준 크기 1.0μm 정도

발육 온도 40℃ 정도

주요 서식처 주로 볏짚에 서식한다. 그 밖에도 공기 중이나 흙 속 등 모든 곳에 존재한다.

세균 고세균 진균 바이러스

호기성 혐기성

마른 풀이나 볏짚에 붙은 고초균 중에서 낫토를 만들 때 사용하는 균의 총칭이며 종류가 매우 많다.

공헌도 ♥♥♥♥♡

위험도 !

뇌경색의 원인인 혈전을 예방하거나 병원성 대장균의 증식을 억제한다.

'열에 강한' 대두를 발효한다

낫토는 일본에서 10세기부터 먹었을 정도로 오래 전부터 일본인에게 사랑받고 있어요. 낫토균은 대두를 발효시키기 위해서 사용합니다. 전통적인 제조법은 삶은 대두를 볏짚으로 감싼 뒤 약 40℃에서 보온합니다. 볏짚 속에서 낫토균이 증식하여 발효하면 낫토가 완성됩니다. 참고로 발효 단계에서 **낫토균은 끈적끈적한 점액에 포함된 나토키나아제와 아미노산, 비타민 K_2 등을 만들어냅니다.**

현재는 인공적으로 배양한 낫토균을 사용한 제조법이 주류이며 '미야기노균', '나루세균', '다카하시균'이라는 일본 3대 낫토균을 많은 제조사에서 사용합니다. 낫토균은 아포를 만들기 때문에 열에 강해서 콩을 조려도 사멸하지 않습니다. 그 때문에 삶아서 다른 세균을 죽이고 낫토균만 증식시키는 효율적인 생산 방법을 이용합니다.

또한 낫토균은 유산균(P90) 등의 먹이가 되기도 합니다. 식품으로서 **영양가가 높은 동시에 유익균의 증식을 돕는 낫토균은 건강한 몸을 유지하는 데 매우 유용한 세균**이에요.

이렇게나 몸에 좋다! 낫토균의 건강 효과	
나토키나아제	뇌경색이나 심근경색의 원인인 혈전을 예방한다고 한다.
비타민K_2	골다공증과 동맥경화를 예방하는 효과가 기대된다.
아미노산류	칼슘 등의 미네랄 흡수를 촉진한다.
낫토균	유해한 장내 세균을 억제하고 유산균 등의 유용한 장내 세균을 늘린다. 또한 항암 작용이나 면역 기능을 높이는 작용도 있다고 한다.

미리 발효할 준비를 해야 해.
술이나 된장, 간장 제조에 관여하는 총괄 책임자와 비슷한 존재
전분을 분해해서 당으로 바꾼다.

식문화를 뒷받침하는 대표 곰팡이

누룩곰팡이

기준 크기 —

발육 온도 종류에 따라 다르다.

주요 서식처 모든 곳에 존재한다. 특히 건조한 장소에 많다.

세균 | 고세균 | **진균** | 바이러스

호기성 | 혐기성

전분이나 단백질 등을 분해해서 생긴 글루코오스와 아미노산을 영양분으로 삼아 증식한다.

공헌도 ♥♥♥♥ (4/5)

위험도 !!! (3/5)

옛날부터 누룩으로서 간장이나 된장, 술을 빚는 데 활용해 왔다.

썩은 것이 아니라 이것은 당화라고 합니다

푸른곰팡이(P130)와 함께 유명한 누룩곰팡이는 야외에서 낙엽이나 동물의 분변, 실내에서는 상한 식품에서 번식합니다. **빗자루 모양으로 퍼진 균사의 끝에서 전분과 단백질을 분해하는 효소를 대량으로 만들어냅니다.** 특정한 누룩곰팡이는 그 작용을 이용해 일본식 청주, 소주, 오키나와 증류주(아와모리)와 같은 주류나 된장, 간장 등의 발효 식품 양조에 사용합니다.

예를 들면 일본식 청주는 찐 쌀에 누룩곰팡이를 뿌려서 '누룩'을 만들고 '누룩'과 쌀을 섞어서 쌀의 전분을 포도당으로 분해합니다. 일본의 식문화에서 절대로 빠뜨릴 수 없는 누룩곰팡이는 일본 양조학회에서 '국균'으로 인정받았어요.

한편 천식이나 폐렴, 출혈성 괴사 등의 증상이 나타나는 '아스페르길루스증'의 원인이 되는 등 질병을 일으키기도 합니다. 그 밖에도 식품에서 곰팡이독을 만들어내서 인체에 유해한 누룩곰팡이 종류도 존재하며 가축이나 식물이 걸리는 병의 원인인 종류도 있습니다.

전자현미경으로 본 누룩곰팡이의 모습

끝에 붙어 있는 것이 곰팡이의 씨앗이 되는 포자

모든 인류의 위장을 장악하고 있어요
효모균의 모양은 둥글게 말아 올린 머리를 닮았다.
제빵에는 필수품
간장

빵이나 술을 만들 때 대활약! 발효 식품의 주인공

효모

기준 크기	5.0μm 정도
발육 온도	종류에 따라 다르다.
주요 서식처	지구상의 모든 곳에 존재한다. 자연계에서는 과일 등 당분이 있는 주변에 많다.

세균 / 고세균 / **진균** / 바이러스

호기성 / 혐기성

효모는 원래 단세포 진균의 총칭인데 일반적으로는 식품 가공에 사용하는 것을 지칭하는 경우가 많다.

공헌도 ♥♥♥♥♡

위험도 !!!

빵의 제조나 맥주, 와인, 간장 등의 양조 등에 쓰인다.

발효라는 이름의 연금술

효모는 공기 중이나 흙 속, 물 속 등 어디에나 존재하는 단세포성 진균류의 총칭입니다. **당을 분해해서 에탄올(알코올)과 이산화탄소를 만드는 발효 작용을 일으키기** 때문에 술이나 빵 등의 발효 식품을 만들 때 이용합니다.

효모는 17세기 유럽에서 학술적으로 발견했다고 알려져 있어요. 하지만 인류는 그 전부터 자연계의 효모를 술 제조 등에 사용해 왔습니다. 현재 발효 식품에 쓰이는 효모는 조리에도 적합한 종류를 자연계에서 분해하여 인공적으로 배양한 것이에요. 예를 들면 빵 반죽의 재료인 이스트나 일본식 청주를 만들기에 적합한 청주 효모, 와인을 만들 때 쓰는 와인 효모 등이 있습니다. 그 중에는 독자적인 맛을 내기 위해서 인공적으로 배양되지 않은 '천연 효모'를 사용하는 생산자도 있는 모양이에요.

이렇듯 효모는 유용성이 높지만 원래의 '단세포 진균류의 총칭'이라는 의미에서는 말라세치아균(P38)이나 칸디다(P74) 등도 같은 그룹에 속하며 인간에 대한 병원성이 있는 종류도 존재합니다.

술의 종류에 따라 다른 효모의 종류	
위스키 효모	17~35℃로 다른 주류에 비해 고온에서 발효되며 알코올 농도 6~9%가 만들어진다. 그 후 증류해서 농도를 높인다.
맥주 효모 (상면 발효 효모)	15~25℃에서 발효되며 알코올 농도는 4~8%. 필스너 등의 라거 맥주 제법에 사용한다.
맥주 효모 (하면 발효 효모)	5~15℃에서 발효되며 알코올 농도는 4~8%. 페일 에일이나 IPA 등의 제법에 사용한다.
와인 효모	약 10~12℃에서 발효되며 알코올 농도는 10~12%. 포도에 붙어 있는 천연 효모에 의해 발효되는 경우가 많다.

건강과 아름다움을
다 이뤄줄게요♥
미용과 건강에 좋은
식초를 만든다
나타드코코(코코넛
젤리)를 만드는 것도
초산균
식
초

'가장 오래된 조미료' 식초를 만든다

초산균

기준 크기 5.0μm 정도

발육 온도 종류에 따라 다르다.

주요 서식처 지구상의 모든 곳에 존재한다. 꽃이나 과일에서도 발견된다.

세균 | 고세균 | 진균 | 바이러스

호기성 | 혐기성

유산균(P90)이나 낫토균(P92)과 마찬가지로 식품의 발효를 촉진하는 균. 자연계에 널리 존재한다.

공헌도 ♥♥♥♥♡

위험도 !!

와인이나 일본식 청주에 포함된 알코올을 식초로 변화시킨다.

알레르기 치료의 구세주!?

식초는 곡물이나 과일을 원료로 하는 양조주로 만듭니다. **그때 양조주에 함유된 알코올을 분해하여 초산을 만드는 세균의 총칭이 초산균**이에요. 그 밖에도 당류를 발효해서 셀룰로오스 섬유를 만드는 성질을 이용해 나타드코코나 홍차버섯(콤부차) 생산에도 유용하게 쓰입니다.

초산균은 자연계에 존재하며 알코올 도수가 낮은 술의 표면에 막을 치듯이 증식해서 식초로 변성시키기도 합니다. '술 만들기에 실패하면 식초가 된다'고 하는 경우는 초산균의 작용에 따른 현상이에요. 이러한 성질에서 기원전 4천년 무렵에 술 양조와 거의 같은 시기에 식초로 만들어지기 시작해, 이윽고 보존식을 만들 때 사용하기 시작했다고 합니다.

최근의 연구에서 그람 음성균(P22)은 화분증(꽃가루 알레르기)과 같은 알레르기 증상을 완화시키는 작용이 있다는 사실을 알았습니다. 하지만 살모넬라균(P136) 등 독성이 있는 균이 대부분이에요. 그래서 그람 음성균이지만 인체에 악영향이 없는 초산균을 사용한 알레르기 치료에 대한 관심이 높아지고 있습니다.

그람 음성균이란?

P22에서 소개했지만 세균을 염색해서 분류하는 수법을 '그람 염색'이라고 한다. 이 염색법을 실시했을 때 보라색으로 물드는 것이 그람 양성, 붉게 보이는 것이 그람 음성이며 세포벽의 구조 차이를 반영한다. 일반적으로는 그람 음성균의 세균은 병원성이 높고 그람 양성균은 그다지 위험하지 않은 것이 많다.

- 그람 음성균 … 초산균, 살모넬라균, 대장균, 콜레라균
- 그람 양성균 … 유산균(비피두스균), 낫토균, 뮤탄스균, 포도상구균(표피, 황색)

쌀로 만드는 일본식 청주에 과일향이 난다!?

Column

미생물계의 아로마 테라피스트 효모

일본식 청주 중에서도 고급스러운 음양주(긴조주, 吟醸酒)나 대음양주(다이긴조주, 大吟醸酒)는 과일처럼 달콤하고 상큼한 '음양향'이 있습니다. 일본식 청주는 쌀로 만드는데 왜 과일 같은 향이 날까요?

일본식 청주를 만들 때는 누룩곰팡이(P94)와 유산균(P90) 등 다양한 미생물이 관여합니다. 최종적으로 알코올을 만들어내는 것은 효모(P96)인데 그 부산물로 에스테르라는 화합물이 생성됩니다. 이 에스테르가 음양향을 만들어내는 주요 성분이에요.

에스테르에는 향기가 있는 종류가 많이 알려져 있는데 예를 들면 전분으로 만들어지는 카프론산 에틸이라는 에스테르는 사과, 아미노산으로 만들어지는 초산 이소아밀은 바나나 향이 납니다. 쌀에는 전분과 아미노산이 많이 함유되어 있기 때문에 효모에 의해 다양한 에스테르가 만들어져서 일본식 청주에서도 과일향이 나는 거예요.

일본식 청주의 상표마다 다양한 향이 있는데 여기에는 쌀의 상태와 제조 과정뿐만 아니라 효모의 종류에 따라서도 크게 달라집니다. 그래서 원하는 향에 맞춰서 최적의 효모를 엄선합니다. 원래는 전통적인 술 곳간 등에서 채취한 효모를 배양한 것이며 향이나 맛의 경향으로 세밀하게 분류합니다. 그 종류는 무려 수십 가지에 달하며 그중에는 에스테르를 많이 만들어서 향이 강한 일본식 청주 만들기에 특화된 '고에스테르 생성 효모'라는 효모도 있어요.

또한 제빵에도 효모가 관여하기 때문에 사용하는 효모의 종류에 따라 빵 냄새가 크게 달라집니다. 그래서 제빵사 중에는 과일 등에 붙은 야생 효모를 이용해 시중에서 판매하는 이스트균을 사용한 빵보다 풍미가 더 깊은 빵을 만드는 사람도 있어요.

향은 음식의 중요한 요소이며 향을 즐기는 것은 일종의 문화입니다. 즉 효모는 술과 빵뿐만 아니라 문화도 양성하는 미생물이라고 할 수 있지 않을까요?

\사실 전 거의 다 인공으로 재배해요./

식재료로
매우 친근한 존재
주로 썩은 나무에서
자란다.

감칠맛이 가득한 미생물

표고버섯

(부생균)

기준 크기 —

발육 온도 25~28℃ 정도

주요 서식처 자연계에서는 바닥에 쓰러진 모밀잣밤나무나 물참나무, 상수리나무 등에 조금 존재한다.

세균 | 고세균 | **진균** | 바이러스

호기성 | 혐기성

길이 1미터 정도의 활엽수를 원목으로 종균을 접종해서 균사체가 자라기를 기다린다. 수확까지 3~4년이 걸린다.

공헌도 ♥♥♥♡♡

위험도 !!

저렴하고 흔한 식재로이며 감칠맛 성분이 육수로 이용되는 등 유용성이 높다.

식용 표고버섯은 인공 재배가 기본

평소 식탁에 오르는 버섯류도 미생물 그룹입니다. 채소 등의 식물과는 달리 균사가 조합된 '자실체'를 우리는 버섯이라고 부르며 먹고 있어요. 따라서 **표고버섯도 '표고버섯 균의 자실체'라고 정의할 수 있습니다.**

표고버섯은 한국, 일본, 중국 등 동아시아를 중심으로 식용 버섯으로 많이 사용되고 있습니다. 마른 잎이나 목재 등의 유기물이 영양분이며 인공 재배할 수 있는 부생균의 일종이에요. '버섯나무*'라고 하는 벌채한 통나무에 균을 이식하는 원목 재배와 톱밥 등을 사용한 인공배지를 사용하는 균상 재배로 생산합니다. **자연계에서는 메밀잣밤나무나 물참나무, 상수리나무 등 쓰러진 활엽수나 그루터기에 발생**하는데 야생 표고버섯은 엄청 보기 드물다고 해요. 화경버섯이라는 독버섯과 외관이 비슷한 탓에 산에서 채취한 버섯을 먹을 경우에는 주의해야 합니다.

기본적으로 독성은 없다고 알려져 있지만 드물게 생표고를 먹은 후에 온몸이 가려워지는 '표고버섯 피부염'을 일으킬 수도 있어요.

표고버섯과 비슷한 화경버섯에 주의!

주로 너도밤나무 고목에 군생한다. 일루딘 S라고 하는 독성분이 있어서 먹으면 설사와 구토 등의 중독 증상이 나타나며 일부는 사망하는 사례도 있다.

*버섯나무 : 버섯 균이 퍼져 있는 원목으로 표고버섯 등의 재배에 사용되는 나무

\ 신비로움도 매력의 하나랍니다. /

주로 적송이라는
나무뿌리에서
발생한다.
최고급 버섯의 일종

아직도 인공으로 재배할 수 없는 고급 버섯

송이버섯

(균근균)

기준 크기	—
발육 온도	20~23℃ 정도
주요 서식처	살아 있는 적송 등 소나무과의 나무뿌리에 존재한다.

세균 | 고세균 | **진균** | 바이러스

호기성 | 혐기성

송이버섯의 균은 지상에서 발생하는 균근균의 일종으로 소나무가 숙주다. 표고버섯과 부생균에 비해 인공 재배가 어렵다.

공헌도 ♥♥♥♥♡

위험도 ❗ (1/5)

진하고 풍부한 향이 나며 최고급 버섯 중 하나로 평가한다.

나무와 운명을 함께 한다

독특한 향이 나는 고급스러운 송이버섯은 **적송을 비롯한 소나무류의 나무뿌리에 '균근'을 만드는 균근균의 일종입니다.** 송이버섯의 균과 적송의 뿌리가 하나가 된 '송이균환' 부분에서 자생합니다.

균근균은 숙주인 나무에서 에너지를 공급받는 대신 나무뿌리의 표면을 덮어서 토양 병해로부터 나무를 보호하거나 양분과 수분 흡수를 돕는 역할을 합니다.

아직 기술이 확립되지 않은 송이버섯 인공 재배는 송이균환과 깊은 관계가 있습니다. 균근균이 자생하는 환경을 인공적으로 만들어 내기란 어렵기 때문에 송이버섯균을 적송에 접종하여 '인공 송이균환'을 형성합니다. 이 인공 송이균환을 심은 적송을 야외에 이식시키는 실험을 진행하고 있지만 아직까지 자실체를 발생하지 못했다고 해요. 그러나 **2018년에는 송이버섯과 비슷한 맛과 향이 나는 근연종인 '가송이'의 인공 재배에 성공**해서 실용화와 송이버섯 인공 재배에 대한 기술 응용이 기대되고 있습니다.

송이버섯은 왜 인공 재배가 어려울까?

살아 있는 식물에서 자란다

표고버섯 등은 쓰러진 나무를 숙주로 삼기 때문에 인공으로 재배하기 쉽지만 균근균은 살아 있는 나무에서 자라는 탓에 통제하기 어렵다. 또한 송이버섯의 균은 약해서 잘 자라지 않는다.

상세한 생태가 명확하지 않다

균근균이라도 생태를 알면 인공으로 재배할 수 있다. 하지만 송이버섯은 생육하는 환경 조건이 밝혀지지 않아서 먹을 수 있는 크기까지 재배하기 어렵다.

이 몸을 이길 수 있는 명품족은 없어!
Wow!!
특별한 훈련을 받은 트뤼프 돼지가 발견한다.
찾았다!!
세계에서 가장 고급스러운 버섯 중 하나로 유명하다.

진하고 풍부한 향이 매력적인 ‘검은 다이아몬드’

트뤼프

(지하생균)

기준 크기 —

발육 온도 20~30℃ 정도

주요 서식처 너도밤나무과나 소나무과 등의 살아 있는 나무뿌리에 공생하며 땅속으로 30cm 정도 들어간 곳에서 자란다.

세균 | 고세균 | **진균** | 바이러스

호기성 | 혐기성

일본에서는 서양송로라는 이름으로 부르며 그 자실체가 트뤼프(영문명으로는 트러플 -역주)다. 버섯 중에서도 특수한 지하생균의 일종이다.

공헌도 ♥♥♥♡♡

위험도 ❗ (1/5)

특유의 강한 향이 있으며 세계적으로 높은 가격으로 거래된다.

흙속에서 자라는 '별종'

'검은 다이아몬드'로 불리는 트뤼프는 세계 3대 진미 중 하나로 손꼽히는 고급 식재료입니다. **유럽에서는 숙주가 되는 나무에 균을 접종해서 일부 종류는 인공 재배에 성공했습니다**.

트뤼프는 흙 속에 자실체가 발생하는 등 일반적인 버섯과는 생태가 다른 '지하생균'이라는 특수한 그룹에 속합니다. 보통 버섯은 자실체에서 포자를 사방으로 퍼뜨려서 번식합니다. 그런데 **트뤼프는 짙고 풍부한 독특한 향기를 내뿜어 다람쥐와 쥐, 파리(통칭 트뤼프파리)를 유혹해 자신을 먹게 해서 포자를 살포**합니다. 이 성질도 지하생균만의 특이한 생태입니다. 땅속에서 자라는 트뤼프는 인간이 찾기 어렵기 때문에 수확할 때는 전용으로 훈련한 돼지나 개를 이용합니다. 하지만 돼지는 수확 중에 트뤼프를 먹어치우는 일도 있어서 최근에는 개의 인기가 높다고 하네요.

사실 유럽 이외에서도 다양한 종류의 트뤼프가 발견되고 있으며 근연종 서양송로는 일본에서도 자생합니다.

트뤼프 Q&A

왜 비싼가요?

트뤼프는 100그램에 수백만 원에 달하는데 가격이 비싼 이유는 찾기가 어려워서 희소가치가 높기 때문이다. 일부를 제외하고 인공으로 재배할 수도 없다.

트뤼프에도 종류가 있나요?

프랑스와 이탈리아, 스페인 등 생산지와 수확 시기 등에 따라 분류한다.

서머 트뤼프
6월~9월에 나오며 향은 적은 편이다. 가격은 비교적 저렴하다.

윈터 트뤼프
12월~2월에 나오며 향이 진하다. 가격은 1kg 당 150~200만 원 정도.

화이트 트뤼프
10월~12월에 나오는 최고급품 버섯이다. 가격은 1kg 당 1천만 원일 때도 있다.

애벌레를
먹어버리고
싶을 정도로
좋아해.
겨울동안 버섯은
곤충에 기생한다.
여름철이 되면 곤충을
죽여서 버섯으로 발아한다.

겨울과 여름에 모습이 달라지는 신비의 버섯

동충하초

(기생균)

기준 크기	—
발육 온도	25℃ 정도
주요 서식처	티베트의 나방 유충에 기생하는 것이 유명하지만 중국이나 일본에도 서식한다.

세균 | 고세균 | **진균** | 바이러스

호기성 | 혐기성

털매미 유충에 기생하는 매미 동충하초와 나방 유충에 기생하는 번데기 동충하초 등의 종류가 있다.

공헌도 ♥♥♥♡♡

위험도 !

한약이나 약선 요리, 중화 요리 등의 소재로 쓰인다.

고대 중국의 '불로장생의 비약'

나방이나 매미 등의 유충에 기생하며 균사를 체내에 사방으로 뻗어서 그 양분으로부터 자실체를 발생시키는 버섯의 총칭입니다. 그 생태로 미루어 '겨울에는 벌레의 모습으로 지내고 여름이 되면 풀이 된다'고 생각해서 동충하초라는 이름이 붙었습니다.

고대 중국에서 '불로불사의 특효약'으로 귀하게 여긴 동충하초는 자실체뿐만 아니라 기생한 유충까지 잡아먹었던 것 같습니다. 현재도 자양강장이나 노화방지에 효과가 있는 한방 생약이나 약선 요리의 소재로서 비싼 가격에 거래되고 있습니다. 그중에서도 티베트 고원에 서식하는 **박쥐나방에 기생하는 시넨시스 동충하초라는 종류는 특히 고가이며 금에 상당할 정도의 가격이 붙을 때도 있어요**.

또한 서양의학의 영역에서도 의약품으로서의 가능성을 기대하며 여러 가지 약효 검증을 진행하고 있다고 해요. 실제로 애매미 유충에 기생하는 동충하초에서 얻은 핀골리모드라고 하는 화합물이 다발성 경화증 재발을 방지하는 면역억제제로 실용화되었습니다.

꽤 기발한 모습을 한 동충하초

조금 징그럽지만 곤충에서 버섯이 자란 모습.

Column

세계에서 가장 큰 생물은 버섯!?

당신의 발밑에도 거대 생물이 존재할지 모른다

지구에서 가장 큰 생물은 무엇일까요? 동물의 경우 대왕고래라고 하며 최대 몸길이가 30미터 정도입니다. 식물의 경우 가장 큰 나무가 있는데 측백나무과의 침엽수인 세쿼이아 무리 중 지표에서 약 115미터의 높이까지 성장한 것을 발견했습니다.

그러나 지구상에는 그런 것을 훨씬 능가하는 크기의 생물이 존재합니다. 그 정체는 바로 미생물이라고 해요. 그 미생물은 잠실야구장을 160개 정도를 합쳐놓은 크기(9,400,000m^2)의 균류인 잣뽕나무버섯이에요.

잣뽕나무버섯은 주로 쓰러진 나무 등에 발생하는 부생균(P102)인데 때때로 살아 있는 나무에도 기생해서 시들게 하는 '아밀라리아뿌리썩음병'을 일으킵니다. 북미나 유럽, 일본을 포함한 아시아 등의 넓은 범위에 분포하며 가을이 되면 4~14센티미터 정도의 갓을 가진 자실체를 만듭니다. 언뜻 보기에 손바닥 크기로만 보이는 버섯이 세계 최대의 생물이라고 하는 이유는 땅속에 있습니다.

누구나 알고있는 버섯의 모양은 포자를 퍼트리기 위한 일부분에 지나지 않아요. 예를 들면 식물에서의 꽃과 같습니다. 버섯 본체는 균사체라고 해서 살아 있는 나무나 쓰러진 나무, 흙 속에서 가지를 치며 퍼져 있어요. 그 크기는 때때로 상상을 초월하기도 합니다.

미국의 오리건 주에 펼쳐져 있는 멀루어 국유림에서 여러 지점의 토양 등에서 잣뽕나무버섯의 균사체를 채취했더니 넓은 범위에서 동일한 DNA를 가진 하나의 커다란 균사체를 발견했습니다. 그 면적은 무려 965헥타르로 잠실야구장으로 환산하면 약 160개를 합친 넓이에 달합니다. 즉 그 정도로 커다란 균사체가 땅속에 숨어 있었던 것입니다.

멀루어 국유림에서 찾은 잣뽕나무버섯 정도의 크기가 되는 경우는 흔하지 않지만 산 하나를 뒤덮는 거대한 버섯의 균사체가 지금까지 여러번 발견되었다고 합니다.

산에 발을 들여놓았을 때 당신이 서 있는 곳은 커다란 미생물의 일부분일지도 모릅니다.

Column

천둥이 치면 표고버섯이 풍작을 이룬다!?

전기와 표고버섯 균의 비밀스러운 관계란?

천둥이 치면 표고버섯(P102)이 풍작을 이룬다. 이 말은 옛날부터 표고버섯 농가에 전해져 내려오는 이야기입니다.

이 구전을 과학적으로 검증해 보면 먼저 천둥에 의한 질소 고정이 떠오릅니다. 천둥의 방대한 에너지가 대기 중의 질소에 작용해서 양분인 질소화합물이 되어 흙이나 나무에 스며들면 표고버섯의 성장을 촉진한다는 가설이 있습니다. 놀랍게도 표고버섯에 전기를 흘려보내는 전용 장치도 존재해서 이를 사용하면 수확량이 최대 두 배가 된다고 해요. 하지만 천둥에 상당하는 소리의 자극만으로도 표고버섯의 수확량이 증가했다는 연구 결과도 있어서 진상은 아직까지도 미궁에 빠진 상태입니다.

정확한 구조의 해명과 함께 다른 버섯에도 응용할 수 있게 되면 저렴하고 맛있는 '천둥 속에서 자란 송이버섯'이 매장에 진열되는 날이 오지 않을까요?

제 5 장

환경에 관여하는 미생물

현재의 지구 환경이 있는 것은 산소나 식물의 영양분을 만드는 미생물의 활약 때문이에요. 우리가 지구에서 살아갈 수 있는 것도 눈에는 보이지 않는 미생물들 덕택입니다.

환경에 관여하는 미생물의 기초 지식

원시의 지구 환경을 급변시켜서

현재의 생태계 기반을 유지하는 미생물들

지구는 지금으로부터 약 46억 년 전에 탄생했습니다. 최초의 생명은 그로부터 약 8억 년 후에 탄생했다고 추측합니다. 원시 지구는 산소가 없어서 혐기 호흡을 하는 세균과 고세균 등의 미생물만 조용히 서식했어요. 지구가 현재와 같은 생명으로 넘치는 별이 된 것은 미생물의 작용 때문입니다. 다시 말해 **광합성을 통해 산소를 방출하는 시아노박테리아(P116)가 등장하면서 환경과 생태계가 완전히 달라졌어요.**

지구에 산소가 넘치자 산소를 사용한 호기 호흡*을 하는 미생물이 나타났습니다. 호기 호흡은 혐기 호흡*보다 에너지 효율이 더 좋기 때문에 미생물은 많은 에너지를 쓸 수 있어서 복잡한 구조로 진화했습니다. 또 산소는 태양에서 쏟아지는 자외선과 반응하여 오존이 되었고 상공에 오존층을 형성했습니다. 오존층은 생물에게 해로운 자외선을 흡수하기 때문에 생물이 바다에서 육지로 올라오기 시작했어요. 시아노박테리아(P116)가 방출한 대량의 산소가 생물의 진화와 서식 영역의 확대를 촉진시켰습니다.

*호기 호흡(呼氣呼吸) : 산소를 이용하는 세포의 호흡.

*혐기 호흡(嫌氣呼吸) : 산소가 없는 상태에서 행해지는 호흡.

현재의 지구에서도 미생물은 환경을 뒷받침하는 중요한 기반입니다. 지상에서는 **방선균(P112)이 낙엽 등을 분해하거나 흙을 개량하는 등 생명의 순환에 크게 관여합니다.** 바다에서는 **화학합성 미생물(P118)이 해저화산 주변으로 유기물을 가져와 태양광이 닿지 않는 심해에서 생태계의 기반**이 되고 있습니다. 하늘에서는 미생물이 구름 발생에 관여해서 날씨에도 영향을 준다(하단 참조)는 사실을 알게 되었습니다.

때로는 지구 환경을 완전히 바꾸기도 하는 미생물은 작아서 눈에는 보이지 않지만 큰 역할을 담당하고 있습니다.

미생물이 관여하는 구름 형성

세균이나 진균
대기 중의 수증기
모인 수증기로 작은 물방울을 형성
일설에는 세균이나 진균은 비와 우박이 되어 지표에 떨어져서 서식 영역을 확대한다고 한다.

내가 지금의 지구를 만들었느니라
O_2
30억 년쯤 전부터 존재하며
현재의 지구 환경을 만들었다.
이른바 창조주라고 할 수 있다.
시아노박테리아의 작용으로
태양광에서 만들어진 산소

생물의 진화를 촉진시킨 기폭제

시아노박테리아

기준 크기 종류에 따라 다르다

발육 온도 종류에 따라 다르다

주요 서식처 지구상의 모든 곳에 존재. 예를 들면 바다와 강, 연못 등의 물가나 축축한 흙 속 등에 서식.

세균 | 고세균 | 진균 | 바이러스

호기성 | 혐기성

지구 최초의 산소를 만들어내는 생물. 대기에 산소를 공급하는 등 현재 생태계의 기초를 만들었다.

공헌도 ♥♥♥♥♥

위험도 !!!!!

지구 환경에 관여하는 한편 호수에서 증식해 생물의 생육을 방해하기도 한다.

지구를 '생명의 별'로 만든 세균

시아노박테리아(남세균)은 약 30억 년 전에 지구상에 나타났습니다. 광합성을 해서 산소를 발생시킬 수 있는 유일한 세균이며 **원시 지구에 안정적인 산소와 유기물을 공급해서 현재의 지구 대기를 만들어냈습니다.** 청록색을 띠고 있다고 해서 '남조'라고 불리기도 했어요.

현재에도 시아노박테리아가 없는 환경을 찾기가 어려울 정도로 바다와 호수, 강, 육지의 모든 곳에 서식합니다. 호수 표면이 진녹색으로 물들어 어류의 대량 폐사를 일으킬 수도 있는 '녹조' 현상은 시아노박테리아가 원인입니다. 또 시아노박테리아의 일종인 스피룰리나는 단백질과 미네랄, 비타민 등의 영양소를 균형 있게 함유하고 있어서 슈퍼 푸드나 건강보조식품으로 유통되고 있어요.

또한 광합성 효율이 매우 높고 유전자 조작이 쉬우며 증식이 빠르다는 점에서 **바이오 연료 연구의 주제로 거론되는 등 다양한 분야에서 주목을 받고 있는 큰 가능성을 지닌 세균**입니다.

시아노박테리아가 바위를 만든다!?

시아노박테리아 중에는 점액으로 진흙이나 미네랄을 굳히는 종류가 있는데 수억 년의 시간을 거쳐 커다란 바위를 만들어낸다. 이 바위는 '스트로마톨라이트'라고 하며 전 세계에서 화석이 발견되는 것 외에도 호주에는 현재도 계속 성장하는 '살아 있는 스트로마톨라이트'가 존재한다.

무(기질)에서 유(기질)을 만들어낸다!
유기물을 생성한다.
황화수소와 철 등의 무기물이 에너지원이 된다.
H₂S
H₂S
H₂S

철과 황화수소를 가장 좋아한다

화학합성 미생물*

기준 크기	종류에 따라 다르다
발육 온도	종류에 따라 다르다
주요 서식처	지구상의 모든 곳에 존재. 예를 들면 물가나 축축한 흙 속, 심해의 해저 화산 등에 서식.

세균 | 고세균 | 진균 | 바이러스

호기성 | 혐기성

철이나 암모니아, 황화수소, 수소 등의 물질을 화학반응시켜서 에너지를 얻는다.

공헌도 ♥♥♥♡♡

위험도 ! ! ! ! !

해저 화산 주변에 있는 생물들의 생태계를 지원한다.

*화학합성 미생물 : Chemotroph 화학 합성 생물, 화학 합성 영양 생물이라고도 한다. -역주

철을 먹고 산다!?

대부분의 세균은 생육과 번식에 다른 생물이 만들어낸 유기물을 필요로 합니다. 그에 비해 **화학 합성 미생물은 황화수소나 암모니아 등 무기물을 산화해서 에너지를 얻는 미생물의 총칭**이에요. 그 구조는 식물이 물과 빛으로 광합성을 해서 에너지를 얻는 것과 비슷해서 이런 성질의 생물을 '독립 영양 생물'이라고 합니다.

예를 들면 철분을 많이 함유한 물이나 흙 속에 서식하는 화학합성 미생물의 일종인 **철산화 세균은 철을 산화해서 에너지를 얻어 유기물을 합성합니다.** 그 세균들은 논이나 연못 등에도 서식하며 2가의 철이온을 산화해 3가의 수산화철의 붉은 갈색으로 퇴색한 침전을 만듭니다.

그들은 우리의 눈에 보이지 않는 장소에서 생태계의 기반도 이룹니다. 예를 들면 **태양광이 닿지 않는 심해에서는 화학합성 미생물이 해저 화산이나 고래 사체에서 발생하는 수소와 황화수소를 기반으로 탄수화물을 만들어내서** 그것을 다른 생물이 영양분으로 삼습니다.

에너지를 얻는 방법은 다양하다

인간 = 당과 산소와 물로 에너지를 끌어낸다

$C_6H_{12}O_6 + 6O_2 + 6H_2O \rightarrow 6CO_2 + 12H_6O$ → 에너지

포도당 + 산소 + 물 → 이산화탄소+물

철산화세균 = 철과 산소와 수소로 에너지를 끌어낸다

$4Fe^{+2} + O_2 + 4H^{+} \rightarrow 4Fe^{+3} + 2H_2O$ → 에너지

2가 철 이온 + 산소 + 수소이온 → 3가의 철 이온+물

상부상조하는 좋은 관계입니다.
뿌리혹박테리아는 완두콩의 뿌리에서 공생한다.
101
102
집주인
뿌리혹박테리아
집세
나눔
완두콩은 뿌리혹박테리아에게 영양분을 공급한다.
뿌리혹박테리아는 완두콩에게 질소화합물을 보낸다.

식물에 영양을 공급하는 박테리아

뿌리혹박테리아

기준 크기	종류에 따라 다르다
발육 온도	종류에 따라 다르다
주요 서식처	대두나 벌노랑이 등의 콩과 식물 뿌리의 내부나 흙 속 등에 서식.

세균 | 고세균 | 진균 | 바이러스

호기성 | 혐기성

콩과 식물의 뿌리에 공생하며 '근립균'이라고도 한다. 콩의 종류별로 공생하는 뿌리혹박테리아가 다르다.

공헌도 ♥♥♥♥♥

위험도 !!!!!

환경에 부담이 되는 화학 비료를 대신해서 질소고정*이라는 역할을 자연스럽게 맡는다.

*질소고정(nitrogen fixation) : 공기 중 질소 기체 분자(N_2)를 암모니아(NH_3)를 비롯한 질소화합물로 전환하는 과정을 말한다. 유기체는 질소 섭취가 필수적이다.

탄수화물과 질소를 교환

땅속에 서식하는 뿌리혹박테리아는 식물 뿌리에 침입해서 '뿌리혹'이라는 수 밀리미터 정도의 혹을 만드는 세균의 총칭입니다. 숙주가 되는 식물에게 공급받은 탄수화물을 영양분으로 삼는 한편, **식물의 영양인 질소화합물을 공급합니다.** 대기 중의 질소를 암모니아 등의 질소화합물로 변환하는 '질소고정'이라는 작용으로 식물과 공생관계를 구축합니다.

뿌리혹박테리아는 질소화합물이 부족한 땅에서 식물의 성장을 돕는데 뿌리혹을 만들어 공생하는 식물은 거의 콩과 식물뿐이에요. 게다가 대두에는 대두 뿌리혹박테리아, 벌노랑이에는 벌노랑이 뿌리혹박테리아만 침입하듯이 정해진 종류에만 공생하는 성질이 있습니다.

질소를 함유한 화학비료는 제조에 막대한 에너지가 필요해요. 또한 지나치게 사용하면 시아노박테리아(P116)의 이상 발생을 초래하는 등 환경 문제를 일으킬 수도 있습니다. 그래서 **질소고정 활성이 높은 뿌리혹박테리아를 화학비료 대신에 활용하는 연구도 진행 중이에요.**

대두 뿌리에 있는 뿌리혹

곳곳에 보이는 혹이 뿌리혹이다. 여기에 무수히 많은 뿌리혹박테리아가 꽉 차 있다.

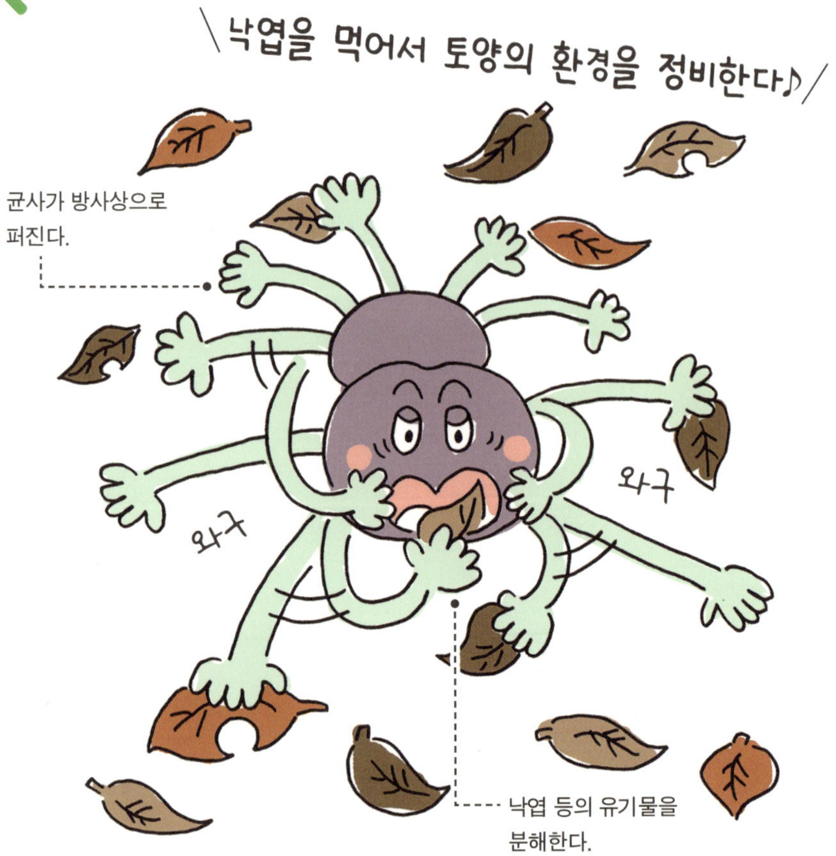
낙엽을 먹어서 토양의 환경을 정비한다♪
균사가 방사상으로 퍼진다.
와구
와구
낙엽 등의 유기물을 분해한다.

낙엽을 분해하는 '흙냄새'의 정체

방선균

기준 크기	—
발육 온도	종류에 따라 다르다
주요 서식처	지구상의 모든 토양에 존재. 예를 들면 나무숲이나 밭, 화단, 나무 화분 속 등에 서식.

세균 | 고세균 | 진균 | 바이러스

호기성 | 혐기성

주로 땅속에 서식하는 원핵생물. 세균이지만 곰팡이처럼 균사 모양으로 생육해 포자를 만든다.

공헌도 ♥♥♥♥♡
위험도 !!!!!

자연의 분해자로 생태계를 뒷받침하며 농업과 의료에도 이용된다.

농업부터 의료까지 폭넓게 활약한다!

방선균은 고유의 세균 이름이 아니라 **방사상으로 균사를 뻗어서 생육하는 세균류**를 나타내는 관용명*입니다. 하지만 최근의 유전자 분석 결과에서 균사를 형성하지 않는 세균도 포함되는 경우가 있어서 그 정의가 흔들리고 있습니다.

자연계의 모든 곳에 서식하지만 특히 흙 속에 많으며 비가 내린 후에 느끼는 독특한 '흙냄새'는 방선균에서 생기는 것입니다. 낙엽 등의 유기물을 분해하거나 식물의 병이 생기는 근원인 미생물의 증식을 억제하기 때문에 퇴비 제조나 토양 개량 등에 이용되며 **농업에서는 가장 유용한 미생물 중 하나**로 여겨지고 있습니다.

또한 항생물질을 생산하는 스트렙토미세스(P132)나 유익균으로 유명한 비피두스균(P48)도 방선균류의 무리입니다. 농업뿐만 아니라 **의료 분야에서도 유용하게 활용**되고 있습니다. 그러나 일부는 인간에게 감염되는 균도 있는데 육아종이라는 종양을 발병하는 '방선균증'이라는 병을 일으킬 위험성도 있어요.

'흙냄새'는 방선균의 생존 전략

비가 내린 후의 '흙냄새'의 주성분은 방선균이 만들어내는 '지오스민'이라는 알코올의 일종이다. 땅속에서 생활하는 벌레 중에는 지오스민을 좋아하는 종류가 있다. 그래서 방선균이 지오스민으로 벌레를 끌어들여 그 벌레의 몸에 포자를 붙여서 서식 범위를 확대한다고 추측하고 있다.

*관용명(慣用名) : 국제적인 명명법에는 맞지 않으나 오래전부터 널리 쓰이고 있는 화합물의 이름

우린 만나서는 안 될 운명이었어.
이 녀석들!!
농가나 원예가 등에게는 미움을 받는다.
사상균에 감염된 식물은 성장이 저해된다.
많은 사상균은 식물에 감염되어 병을 일으킨다.

작물에 병해를 입히는 농가의 강적

사상균

기준 크기 —

발육 온도 종류에 따라 다르다.

주요 서식처 지구상의 모든 곳에 존재. 예를 들면 땅속이나 바다와 연못 등의 물 속 등에 서식.

세균 | 고세균 | **진균** | 바이러스

호기성 | 혐기성

지구상의 어디에나 있으며 흙 속에는 10만 종이 넘게 존재한다. 흙에서 사는 미생물 중 가장 많다고 한다.

공헌도 ♥♥♥♡♡

위험도 !!!!! (3/5)

수많은 식물 질병의 원인이지만 자연의 분해자라는 역할도 한다.

밭이 싫어하는 균이지만……?

사상균은 **진균류 중 균사를 뻗어서 성장하는 종류의 총칭**입니다. 누룩곰팡이(P94) 등의 곰팡이류부터 표고버섯(P102) 등 버섯류, 또한 무좀의 원인인 백선균(P72)도 사상균에 포함되며 그 종류는 다양하게 나뉩니다.

식물에 미치는 영향이 커서 **식물 병해의 70~80퍼센트는 사상균 때문**이에요. 바람 등을 타고 사방으로 흩어진 사상균 포자가 식물에 붙어서 감염되어 잎이나 열매에 병변이 일어나는데 심각하면 말라죽게하기도 합니다. 또한 병변이 눈에 보이기 시작할 때는 이미 병해가 진행된 경우가 많기 때문에 농가와 원예가에게는 미움을 받는 존재입니다.

그러나 **땅속의 먹이사슬에서는 중요한 역할도 담당합니다.** 방선균(P122)과 마찬가지로 땅속에 많이 서식하며 흙에 포함된 미생물 무게의 약 80퍼센트를 차지합니다. 진드기나 아메바 등 토양생물의 분변(유기물)을 사상균이 분해하고 이를 세균이 다시 작게 분해해서 영양이 풍부한 토양을 키우는 거예요.

식물의 잎에 붙은 사상균

잎사귀 표면에서 하얗게 가루를 뿌린 것처럼 보이는 것이 사상균의 균사다. 농작물에게는 병해가 된다.

Column

보이지 않는 곳에서 진행되는 도시의 노후화, 황산으로 하수도를 녹이는 미생물

하수도에서는 부식한 콘크리트의 보강 공사가 정기적으로 이루어지고 있습니다. 사실은 그런 부식의 큰 원인은 미생물입니다. 놀랍게도 과학실험 등으로 친숙한 구리나 은을 녹이는 강력한 산인 황산을 만들어내는 미생물이 있어요. 그 미생물이 화학합성 미생물(P118)의 무리인 황산화 세균과 종속 영양인 황산염 환원 세균입니다.

먼저 황산염 환원 세균이 하수에 함유된 인간의 배설물 등에서 나오는 황산이온을 환원(혐기호흡 중 하나, 황호흡)해서 썩은 달걀과 같은 냄새가 나는 황화수소를 만듭니다. 그 황화수소로 이번에는 황산화 세균이 황산을 만들어냅니다.

콘크리트는 산에 약해서 황산과 반응하면 내부까지 구멍이 뚫려서 무너지기 쉬운 상태가 됩니다. 현재는 황산에 강한 코팅제를 바르거나 방균성이 있는 콘크리트를 개발하는 등 대책을 마련하고 있습니다.

제6장

의료를 지원하는 미생물

과학기술의 진보와 함께 미생물들이 활약하는 장소가 넓어졌습니다. 의약품 제조뿐만 아니라 발암성 확인부터 미용 시술까지 의료의 다양한 분야에서 미생물을 이용하고 있어요.

의료를 지원하는 미생물의 기초 지식

곰팡이를 계기로 항균제가 개발되었다

미생물이 만드는 의약품이 인류를 구한다!

3장 '마주치고 싶지 않은 미생물'처럼 질병의 원인이 되는 미생물은 꽤 많습니다. 한편 유용 물질의 생산이나 다른 미생물의 증식을 억제하는 기능으로부터 미생물은 오늘날 의료 현장에서 널리 활용되고 있습니다.

항생물질 '페니실린'을 만드는 푸른곰팡이(P130)가 그중 하나입니다. **페니실린에는 세균이 세포벽을 합성하는 것을 막는 작용이 있어서 세균에 의한 감염증에는 뛰어난 효과를 발휘**합니다. 이 항생물질은 2차 세계대전 중에 많은 부상병의 목숨을 구했습니다.

그 후에도 스트렙토미세스(P132)가 만드는 스트렙토마이신 등 다른 미생물에서도 수천 종류의 항생물이 발견되었으며 그중 약 70종류가 약제로 쓰입니다. 참고로 페니실린과 스트렙토마이신은 수많은 인명을 구한 것이 좋은 평가를 받아서 이를 발견한 사람은 노벨생리학•의학상을 수상했습니다.

유전자 재조합 기술이 발전하면 의료 활용의 폭이 더욱 확대됩니다. 대장균 등에 특정한 유전자를 넣어서 목적 물질을 대량으로 만들어낼 수 있습니다. 이 기술을 이용한 약제를 '바이오 의약품'이라고 하는데 동물 세포를 이용한 것도 포함하면 2024년에는 의약품 시장의 30퍼센트 가까이 차지할 것이라고 합니다.

또한 최근에는 MRSA(P62)처럼 약제에 내성을 가진 병원균이 늘어난 점에서 세균을 사멸시키는 박테리오파지(P138)를 이용한 치료법에도 주목하고 있어요.

이처럼 미생물은 반드시 **인류를 위협하기만 하는 존재가 아니라 생명을 구하는 존재이기도 합니다.**

바이오 의약품의 제조 방법

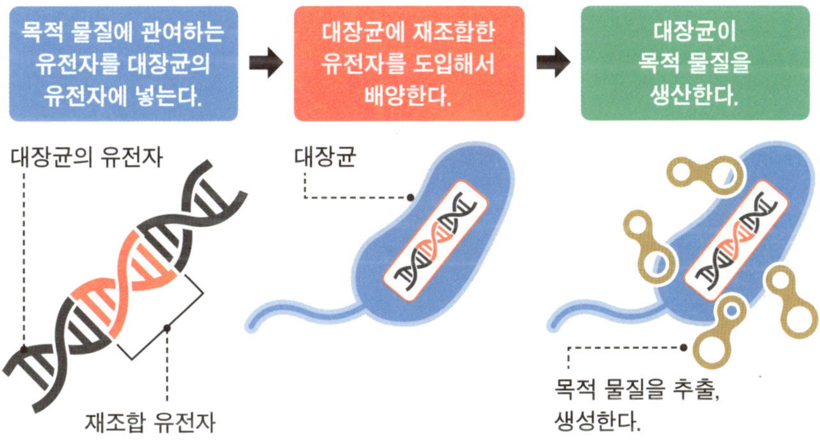

목적 물질에 관여하는 유전자를 대장균의 유전자에 넣는다.
대장균에 재조합한 유전자를 도입해서 배양한다.
대장균이 목적 물질을 생산한다.
대장균의 유전자
재조합 유전자
대장균
목적 물질을 추출, 생성한다.

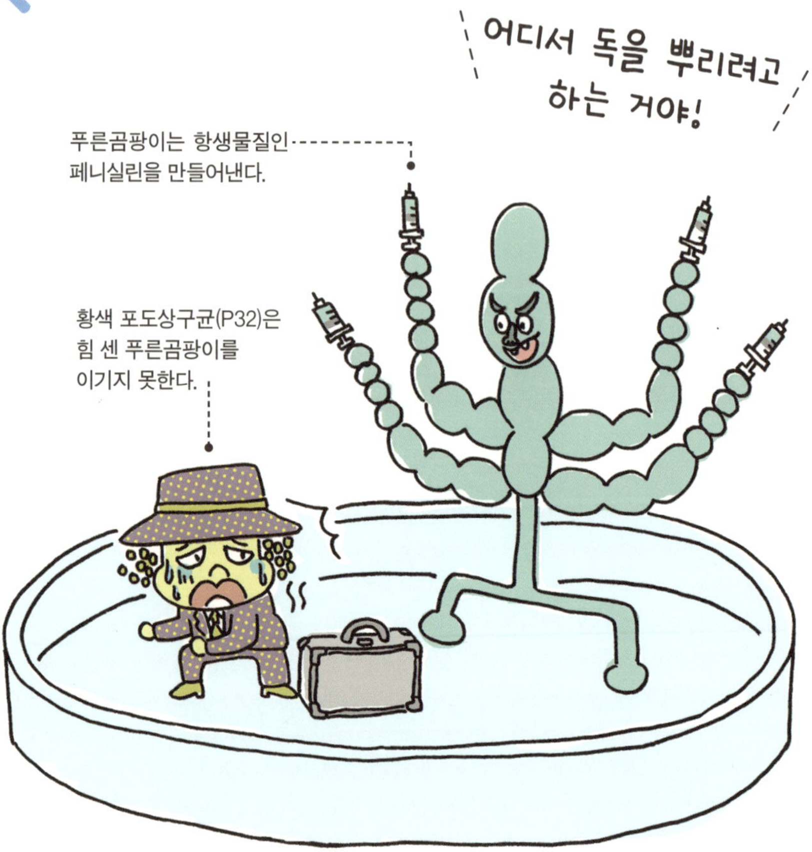

어디서 독을 뿌리려고 하는 거야!
푸른곰팡이는 항생물질인 페니실린을 만들어낸다.
황색 포도상구균(P32)은 힘 센 푸른곰팡이를 이기지 못한다.

사람의 생명을 가장 많이 구한 곰팡이

푸른곰팡이

기준 크기 —

발육 온도 20~30℃ 정도

주요 서식처 지구상의 모든 곳에 존재. 땅속이나 인간의 주거, 식품, 의류 등.

세균 | 고세균 | **진균** | 바이러스

호기성 | 혐기성

푸른곰팡이속이라는 종류의 곰팡이 총칭이며 300종류가 넘는다. 파란색 외에도 녹색이나 보라색, 주황색 등의 색이 존재한다.

공헌도 ♥♥♥♥♥

위험도 ! (5단계 중 1)

세균의 발육을 저해하는 항생물질을 발견하는 계기가 되었다.

'우연히 탄생한' 세계 최초의 항생물질

한동안 방치한 음식물이 곰팡이로 새파랗게 변한 경험을 누구나 한 번은 하지 않았나요? 그 겉모습 때문에 '푸른곰팡이'라고 부르지만 정식 명칭은 페니실륨입니다. 붓을 닮은 모양이라서 라틴어로 붓을 의미하는 '페니실리'와 연관된 이름이 붙었습니다.

세계 최초의 항생물질인 페니실린은 그 이름대로 푸른곰팡이로 정제한 것입니다. 영국의 세균학자 알렉산더 플레밍(Alexander Fleming)이 황색 포도상구균(P32)을 연구하던 중에 우연히 배양 접시에 번식한 곰팡이를 발견했어요. 푸른곰팡이 주변만 황색 포도상구균이 없다는 사실을 깨닫고 푸른곰팡이 연구를 시작했습니다. 그러자 황색 포도상구균뿐만 아니라 폐렴구균 등에 대해서도 증식을 억제하는 작용이 있는 것을 발견했습니다. 여기서 다양한 페니실린 계열 항생물질이 개발되어 **수많은 사람들의 생명을 감염병으로부터 보호했습니다.**

또한 독특한 향이 특징인 블루치즈 고르곤졸라는 내부에 푸른곰팡이를 번식시킨 치즈에요. 이처럼 음식문화에도 공헌한 미생물이랍니다.

치즈에 퍼진 푸른곰팡이

고르곤졸라 치즈의 내부에 보이는 파란색 마블 무늬는 '푸른곰팡이'이다.

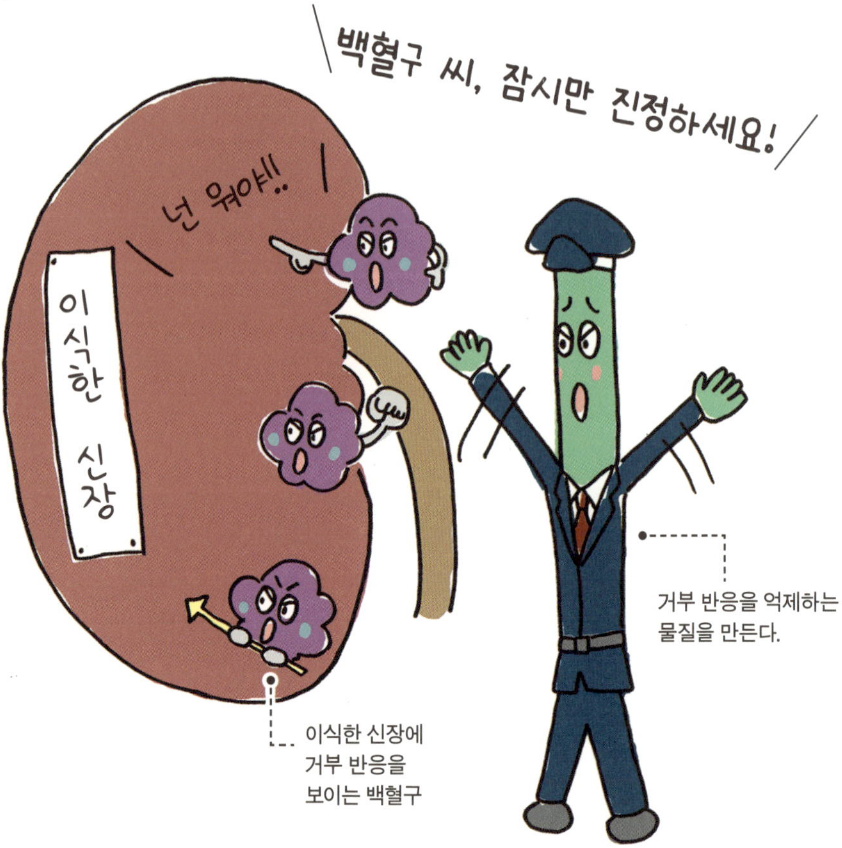
백혈구 씨, 잠시만 진정하세요!
넌 위어야!!
이식한 신장
거부 반응을 억제하는 물질을 만든다.
이식한 신장에 거부 반응을 보이는 백혈구

마치 의약품 제조기!?

스트렙토미세스

기준 크기	—
발육 온도	종류에 따라 다르다.
주요 서식처	지구상의 모든 토양에 존재. 예를 들면 나무숲이나 밭, 공원 화단 등.

세균 / 고세균 / 진균 / 바이러스

호기성 / 혐기성

주로 땅속에 있으며 세균 중에서는 꽤 크다. 일부는 뿌리채소류에 병을 일으키는 종류도 있다.

공헌도 ♥♥♥♥♡
위험도 ❗❗

항생물질을 비롯해 면역억제제, 기생충 특효약 등 다양한 약제를 만든다.

항생물질, 그리고 면역억제제로도 사용한다

방선균(P122)의 일종인 스트렙토미세스는 약하고 생육이 느린 일반적인 방선균에 비해 강인한 생명력을 가졌으며 생육 속도도 빠르다는 특징이 있습니다. 1944년에 결핵 치료제로 개발한 항생물질 '스트렙토마이신'을 비롯해 급성 골수성 백혈병 환자에게 투여하는 항암성 항생물질 '다우노마이신' 등 의료 현장에서 사용하는 항생물질의 대다수는 이 스트렙토미세스에서 유래합니다.

또한 스트렙토미세스에서는 항생물질 외에도 다양한 약제를 발견했습니다. 예를 들면 일본 쓰쿠바산(筑波山)에서 채취한 스트렙토미세스 쓰쿠바엔시스(Streptomyces tsukubaensis)라는 종류에서는 '타크로리무스'라는 면역 기능을 억제하는 물질을 발견했어요. 구체적으로는 면역 기능을 담당하는 백혈구의 증식을 억제하는 기능이 있으며 주로 간이나 신장 이식 수술 후의 거부 반응을 억제하는 데 쓰입니다. 그 밖에도 중남미에서 문제가 된 기생충병의 특효약 '멕티잔' 등 다양한 약의 개발에 공헌하고 있습니다.

스트렙토미세스에서 발견된 다양한 약제

- **스트렙토마이신** 결핵이나 페스트 등의 치료에 쓰인다.
- **카나마이신** 급성 기관지염이나 폐렴 등의 치료에 쓰인다.
- **다우노마이신** 급성 백혈병 등의 치료에 쓰인다.
- **아클라시노마이신** 악성 림프종이나 유방암 등에 쓰인다.

미녀에게는 두 개의 얼굴이 있지.
자연계 최강이라고
하는 독소를 만든다.
주름 제거 등
미용 성형에 쓰인다.

지구에서 가장 강력한 독이 아름다움의 구세주가 되었다!?

보툴리누스균

최대 크기 2.0×10μm 정도

발육 온도 30~40℃ 정도

주요 서식처 토양과 바다, 강 등의 바닥, 동물의 소화기관, 벌꿀이나 진공팩 식품 등에 서식.

세균 고세균 진균 바이러스

호기성 **혐기성**

흙이나 바다, 호수, 강의 진흙 속에 분포한다. 열에 강한 아포를 만들며 산소가 없는 상태에서 증식해 독소를 만들어낸다.

공헌도 ♥♥♡♡♡

위험도 !!!!!

보툴리누스 독은 1그램으로 약 100만 명을 죽일 수 있지만 미용 성형에도 쓰인다.

맹독을 미용 성형에 이용한다!?

토양이나 하천, 동물의 장 등에 서식하는 세균이며 **가장 큰 특징은 '지구 최강'이라고도 하는 독소를 만들어내는** 점입니다. 보툴리누스균이 만들어내는 독은 인간 1명에 대한 치사량이 0.00006밀리그램 밖에 안 될 정도로 강력해서 옛날에는 생물 병기로 사용하려는 연구를 진행한 적도 있다네요. 이 독이 체내에 들어오면 보툴리누스에 중독되어 근육이 마비되고 증상이 가볍더라도 탈진과 호흡 곤란, 중증으로 바뀌면 호흡근 마비를 일으켜 죽음에 이릅니다.

이처럼 보툴리누스균은 무시무시하지만 **근육을 마비시키는 독소의 성질을 살려서 미용 시술에 이용합니다.** 특정 부위에 주사해서 눈꼬리나 미간 등의 표정 주름 개선, 하관 부분(입가)의 깨물근 축소 등의 효과를 기대할 수 있다고 해요. 이러한 미용 시술에는 보툴리누스균에서 추출해 독성을 약화시킨 '보톡스(정식 명칭 : 보툴리누스 톡신)'라는 약을 사용합니다.

또한 미용 목적 외에도 **뇌경색의 후유증으로 일어나는 팔다리의 근육 당김이나 눈꺼풀과 입가의 경련 등에 대한 치료약으로도 활용됩니다.**

공포! 보툴리누스균의 독소

보툴리누스 식중독

8시간~36시간 동안 구역질과 구토, 시력 및 언어 장애 등의 신경 증상이 나타난다. 최악의 경우 호흡 마비로 사망한다.

유아 보툴리누스증

유아에게 나타나는 보툴리누스증. 변비가 지속되고 온몸의 근력이 저하되며 울음소리가 작아지는 등 마비 증상이 일어난다.

응? 돌연변이의 냄새가 난다 멍!
멍멍!!
살모넬라균
살모넬라균은 화학물질의 안전성을 확인하는 시험에 쓰인다.

항암 치료 현장에서 대활약

살모넬라균

기준 크기 0.7×5.0μm 정도

발육 온도 35~43℃ 정도

주요 서식처 인간이나 가축을 포함한 수많은 동물들의 소화기관에서 볼 수 있으며, 하천이나 하수도 등에도 서식.

세균 | 고세균 | 진균 | 바이러스

호기성 | **혐기성**

주로 인간이나 동물 등의 소화관에 서식하는 장내 세균의 일종. 일부 종류가 병을 일으키는 원인이 된다.

공헌도 ♥♥♥♥♥

위험도 ❗❗❗

의료 분야에서 활용하지만 장티푸스나 식중독을 일으키는 균도 있다.

발암성을 예측하는 에임스(Ames) 시험이란?

살모넬라균은 소나 돼지, 닭 등의 장에 서식하는 세균이에요. **오염된 육류나 달걀을 통해서 구토, 설사, 발열 등의 증상이 나타나는 식중독을 일으킵니다.** 그 밖에도 고열이나 전신 발진, 최악의 경우에는 죽음에 이르는 장티푸스 등의 원인이 되기도 합니다.

한편 살모넬라균은 에임스(Ames) 시험이라고 하는 **화학물질의 발암성 유무를 조사하는 실험에 활용됩니다.** Ames 시험에서는 살모넬라균 중에서도 보통은 자력으로 증식하지 못하고 발암성이 있는 화학물질과 접촉하면 자력으로 증식할 수 있는 특수한 성질의 균을 사용합니다. 그래서 이 살모넬라균과 화학물질A를 같은 배지에 투입했을 때 살모넬라균이 증식하면 화학물질A에는 발암성이 있으며 증식하지 않으면 화학물질A에는 발암성이 없다는 사실을 알 수 있습니다.

또한 **유전자 조작으로 무독화한 살모넬라균을 사용한 암 치료 연구도 진행 중**이라고 해요. 실용화하면 부작용을 억제한 치료나 치료비 인하를 할 수 있어서 주목을 받고 있습니다.

전자현미경으로 본 살모넬라균

털처럼 생긴 편모가 있어서 스스로 운동한다.

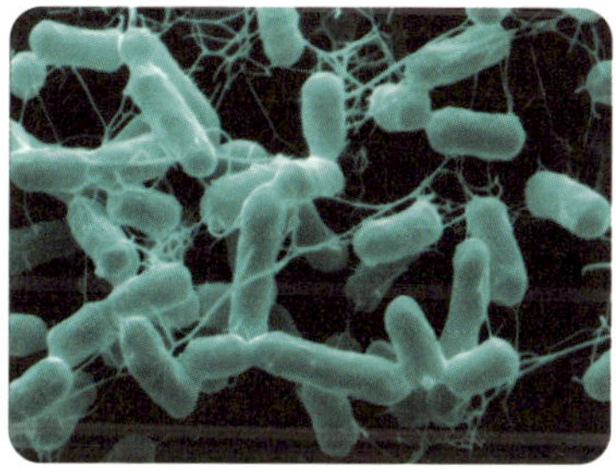

드디어 내 시대가 왔다!
박테리오파지는 세균을 죽이는 바이러스다.
약제에 내성이 있는 세균도 해치운다.

세균을 다 먹어치우는 바이러스

박테리오파지

기준 크기 종류에 따라 다르다.

발육 온도 —

주요 서식처 세균이 서식하는 지구상의 모든 곳에 존재. 이를테면 토양 속이나 하천, 인체 등에 서식.

세균 | 고세균 | 진균 | **바이러스**

호기성 | 혐기성

특정한 세균에 감염되어 세포 속에서 증식하는 바이러스이다. 현재 연구 중인 바이러스이기 때문에 자세한 생태는 명확하지 않다.

공헌도 ♥♥♥♡♡

위험도 !!

새로운 항균제가 될 존재로서 현재 연구를 진행하고 있다.

'기억에서 지워진' 항균제로 묻힐 가능성

'박테리오(세균)파지(먹다)'라는 이름 그대로 세균에 감염되어 세포막을 파괴해서 마치 다 먹어치운 것처럼 **흔적도 없이 세균을 사멸시키는 바이러스**의 총칭입니다. 머리와 다리를 가진 곤충형 로봇처럼 생긴 개성적인 외모도 큰 특징이에요.

세균을 사멸시키는 성질 때문에 처음 발견했을 때는 항균제로 활용되기를 기대했지만 항생물질의 등장으로 한때는 연구 기세가 꺾였습니다. 그러나 약제 내성균이 문제가 된 오늘날 **항균제로서의 박테리오파지에 다시 한 번 주목하고 있습니다.**

박테리오파지를 이용한 치료는 파지 테라피라고 하며 인간의 세균 감염증 치료 외에도 축산, 수산업에서도 실용화를 목표로 연구를 진행하고 있습니다. 많은 나라에서 아직 인간에 대한 파지 테라피는 승인하지 않았지만 미국에서는 식품첨가물로 이용하는 것을 일부 허가하는 등 큰 기대를 모으고 있답니다.

전자현미경으로 본 박테리오파지

박테리오파지의 모양은 인공적인데 마치 로봇처럼 보인다.

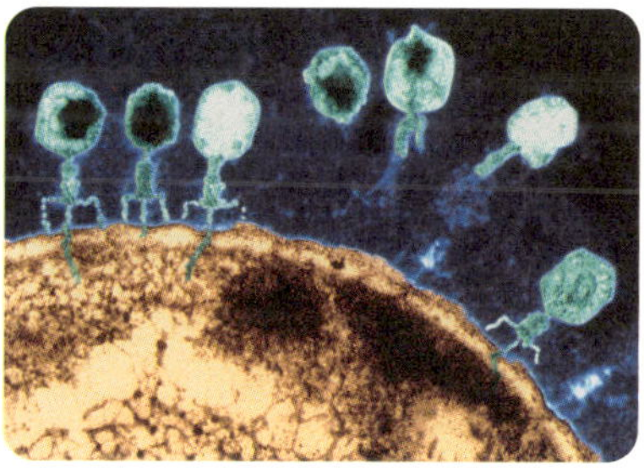

Column

배수구나 입속에 도시가 있다!?

미생물의 보금자리 '생물막'이란?

배수구의 미끈미끈한 액체나 구강 플라그(P43)는 학술적으로 '생물막(바이오필름)'이라고 합니다. 이는 미생물이 만들어낸 보금자리와 같아요. 생물막 내부에서는 여러 종류의 미생물이 서로 영양분과 효소 등을 주고받으며 생활합니다. 또한 화학물질을 신호로 이용해서 놀랍게도 미생물끼리 대화를 해요.

생물막을 현미경으로 관찰하면 그 구조는 단순한 막 모양부터 그물 모양까지 다양합니다. 미생물 중에는 수도관과 같은 파이프 모양의 생물막을 만들어서 다른 미생물의 물질 교환을 돕는 종류도 존재해요.

인간이 각종 직업이나 역할에 따라 사회를 뒷받침하는 것과 마찬가지로 생물막 안에서는 서로 다른 성질을 가진 미생물이 역할을 분담하며 생활합니다. 배수구의 점액이나 구강 플라그는 이른바 미생물의 작은 도시입니다.

제 7 장

미생물계의 유망주들

앞으로의 활약이 기대되는 연구 중인 미생물들. 그 가능성은 무한대이며 연료를 생산하거나 논에서 발전하는 등 각종 사회 문제의 구원자가 될 수 있어요!

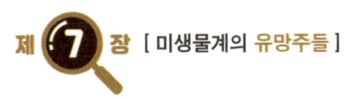

미생물계의 유망주들 기초 지식

미생물이 만드는 연료와 새로운 의약품이

사회 문제에 구원의 손길이 된다.

현재 연구 및 개발이 진행되고 있는 **새로운 에너지원 중에는 미생물의 힘을 활용한 것이 많이 존재**합니다. 이를테면 친환경 연료로 기대를 모으는 '바이오 에탄올'은 사탕수수 등에서 얻은 당을 효모(P96)로 발효시킨 것입니다. 기존의 연료에 섞거나 화력발전 에너지로 이용할 수 있어서 이미 실용화가 진행 중이에요. 석유를 대체할 연료를 만드는 미생물로는 **기름을 만드는 미생물인 오란티오키토치트리움(P146)도 주목을 받으며 일본에서도 연구를 진행하고 있습니다.**

실제로는 미생물의 기능으로 전력을 직접 만들어낼 수도 있어서 발전균(P148)이라는 세균을 사용한 미생물 연료 전기를 개발했습니다. 현재는 아직 발전력이 약하지만 폐수 처리나 자원 회수를 동시에 할 수 있기 때문에 주목을 모으고 있어요.

의료 분야에서는 지금까지와 같은 미생물이 만드는 약제 연구에 더해서 **자성 세균(P150)이 만드는 나노 크기의 자석을 의료에 활용**하려고 하는 독특한 시도도 있습니다. 연구가 진행되면 자석으로 **환부에 정확히 유도할 수 있는 치료약**을 개발할 수 있어요.

일설에 따르면 인류가 발견한 미생물이 지구에 서식하는 모든 미생물의 1퍼센트에도 못 미친다고 하니 여전히 무한한 가능성으로 가득합니다. **아직 찾지 못한 미생물 중에는 현재의 사회를 완전히 바꿀 수 있는 '보물'이 잠들어 있을지도 몰라요.**

미생물이 해결할 수 있는 사회 문제 사례

자원 고갈

바이오 에탄올, 바이오 가스, 조류가 생산하는 석유 대체연료(P146)나 발전균(P148)의 미생물 연료 전지 등.

의료 개발

새로운 의약품의 개발 및 생산, 박테리오파지(P138)나 자성 세균(P150) 등을 이용한 선진 의료 등.

환경오염

오염 토양이나 오염수를 미생물이 가진 분해력과 물질 농축력으로 정화하는 '바이오 리메디에이션' 등.

식량 위기

화학비료의 대체로 뿌리혹박테리아(P120) 등의 질소고정 세균을 이용한다. 대기 중의 질소에서 식물의 영양분이 되는 질소 자원을 만들어낼 수 있다.

나에게는 방해가 될 뿐일세.
원한다면 주겠네!
특수한 효소로 염화금을
금덩어리로 변화시킨다.
수많은 생물에게 유독한
염화금의 독성을 없앤다.

마치 연금술사!?

쿠프리아비두스 메탈리두란스

기준 크기	0.8×2.2μm 정도
발육 온도	—
주요 서식처	중금속을 포함한 흙이나 산업폐기물 등에 존재. 그 밖에도 금광맥에서 발견되는 사례도 있다.

세균 | 고세균 | 진균 | 바이러스

호기성 | 혐기성

몸을 보호하기 위해 특수한 효소를 만들어내서 유독한 염화금 용액을 무독한 금괴로 변환한다.

공헌도 ♥♥♥♡♡

위험도 !!!!!

그 특성에 기대를 모으는 한편 때로 병원성이 되기도 한다.

금괴를 만들어내고 독극물로부터 몸을 보호한다!?

쿠프리아비두스 메탈리두란스는 연금술사로 유명한 세균이에요. **체내에 받아들인 금의 화합물을 순도 높은 금괴로 변환**할 수 있다니 놀랍지 않나요?

이 세균은 아연이나 카드뮴 등의 중금속을 포함하는 흙 속에 서식합니다. 원래 중금속은 대부분의 미생물에게 유해한 존재지만 쿠프리아비두스 메탈리두란스는 **특수한 효소를 생산해서 중금속을 무독화**할 수 있어요. 다른 생물이 죽어버리는 환경에 적응해서 생존 경쟁을 피해 살고 있습니다. 그 특성을 이용해 유독한 염화금 용액에서 순도 높은 금 입자를 회수하는 실험에 성공했답니다.

미생물을 이용한 금속 회수 기술은 '바이오리칭'이라고 하며 이미 구리와 우라늄 등으로 실용화되었습니다. 하지만 쿠프리아비두스 메탈리두란스를 이용한 금 회수에 관해서는 여전히 기술과 비용에 대한 개선이 필요해요. 그렇다고 해도 이 세균이 중금속을 무독화할 수 있는 특성은 **중금속을 포함한 공업폐수 정화에 유용하게 쓸 수 있지 않을까** 기대를 모으고 있습니다.

바이오리칭(Bioleaching)이란?

미생물을 이용해 광석으로부터 금속을 추출하는 기술. 화학적인 처리가 어려운 광석 등에 효과적이다. 비교적 비용이 저렴한 데다 추출 속도가 빠르다는 이점이 있다. 구리나 우라늄 등으로 이미 실용화되었으며 더 나은 효율화를 목표로 한 연구가 전 세계에서 이루어지고 있다. 바이오마이닝(Biomining)이라고도 한다.

더 좋은 연구를 기대해!
당을 에너지원으로 한다.
다용도 기름, 스쿠알렌을 만들어낸다.

석유의 대체연료를 만든다

오란티오키토치트리움

기준 크기 5.0~15μm 정도

발육 온도 15~30℃ 정도

주요 서식처 바다나 기수역*, 특히 맹그로브 원생림에서 발견되는 사례가 많다고 한다.

세균 | 고세균 | 진균 | 바이러스

호기성 | 혐기성

당을 토대로 스쿠알렌이라는 다용도 기름을 생산한다. 세균도 진균도 아닌 진핵생물의 무리.

공헌도 ♥♥♥♥♥ (3/5)

위험도 ! ! ! ! ! (1/5)

석유의 대체연료를 만들어낼 수 있지만 실용화는 아직 멀었다.

*기수역 : 민물과 바다가 섞이는 구역 -역주

미생물이 연료를 만든다?!

세계에서 사용되는 대부분의 에너지는 화석연료에 의존합니다. 그러나 화석연료는 멀지 않은 미래에 고갈될 수 있는 유한한 존재에요. 그런 상황에서 구세주가 될 수 있는 것이 놀랍게도 **석유의 대체 연료를 만드는 미생물**입니다. 현재 가장 생산성이 높다고 하는 미생물이 학술적으로는 다시마에 가까운 오란티오키토치트리움입니다.

오란티오키토치트리움은 당 등의 유기물을 토대로 '스콸렌'이라고 하는 기름을 만들어냅니다. 2011년 무렵부터 일본 센다이(仙台) 시와 협동으로 연구해 온 일본의 한 대학교가 스콸렌을 이용한 트랙터 주행 실험에 성공했어요. 실용화가 되려면 배양 비용 절감 등의 문제가 아직 남아 있지만, 오란티오키토치트리움이 만들어내는 연료는 **유한한 석유 연료와는 달리 지속적으로 생산할 수 있는 연료**입니다.

대부분의 에너지를 수입에 의존하는 일본에서는 기름을 만들어내는 미생물에 크게 기대하고 있답니다.

스콸렌이란?

인간의 피지에도 함유된 불포화지방산의 일종이며 피부의 유연성과 수분 유지, 항산화 작용이 있다고 평가한다. 화장품이나 건강보조식품, 의약품 등 이용의 폭이 넓다. 정제하면 연료로도 사용할 수 있다.

발전부터 쓰레기 처리까지
제가 맡겠습니다!
e⁻
유기물에서 추출한
전자로 발전할 수 있다.
배수 등에 함유된
유기물을 분해한다.

그야말로 살아 있는 전지!

발전균 發電菌

기준 크기	종류에 따라 다르다.
발육 온도	종류에 따라 다르다.
주요 서식처	지구상의 모든 곳에 서식. 이를테면 땅속이나 밭, 해저 화산 등에서 볼 수 있다.

세균 | 고세균 | 진균 | 바이러스

호기성 | 혐기성

유기물의 전자를 금속에 전달하는 성질이 있어서 전류 발생균이라고도 한다.

공헌도 ♥♥♥♥♡

위험도 ❗

발전량은 적지만 폐수 처리나 자원 회수를 동시에 할 수 있다.

단순한 논이 발전소가 된다!?

발전균은 이름 그대로 **전류를 발생시키는 미생물**의 총칭이에요. 수많은 생물들은 에너지를 얻기 위해 유기물의 전자를 세포내에서 이용합니다. 한편 발전균은 전자를 세포내에서 이용하지 않고 세포 밖으로 방출해도 에너지를 얻을 수 있다는 특수한 성질이 있습니다. 그 성질을 이용하면 **미생물 연료 전지라고 하는 발전 장치를 만들 수 있어요.**

가장 단순한 미생물 연료 전지는 발전균을 부착한 금속을 유기물이 함유된 액체에 담그면 됩니다. 발전균이 방출한 전자가 금속으로 흐를 때 전류가 발생합니다. 배양액으로 생활 배수나 공업 배수, 논의 유기물도 이용할 수 있기 때문에 예전에는 일본에서 '논 발전'의 실증 실험을 했습니다.

또한 발전할 때 배수 중인 유기물이 분해되기 때문에 폐수 처리 역할도 기대할 수 있어요. 또 양돈장의 배수를 이용한 발전 실험에서 비료 제조의 자원이 되는 인의 회수에 성공한 연구 그룹도 있어서 **발전과 폐수 처리, 자원 확보, 일석삼조의 시스템 실용화에 기대를 모으고 있습니다.**

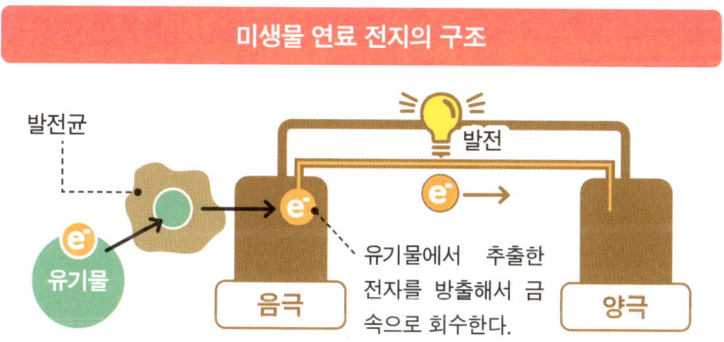

미생물 연료 전지의 구조

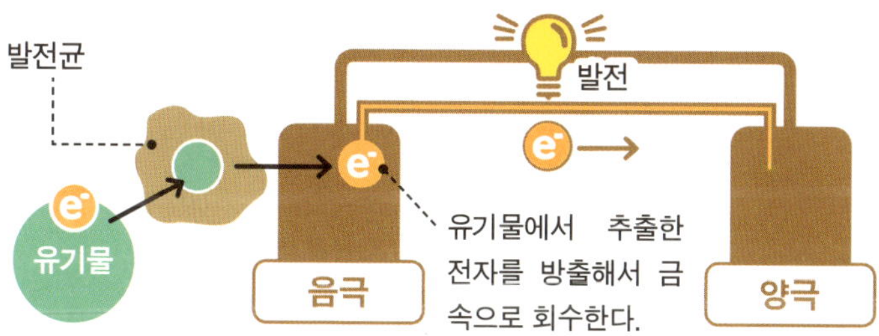

살기 좋은 환경은 어디지?
저쪽으로 가면 좋은 일이 있을 거야!
직접 만들어낸 작은 자석으로 지구의 자기를 감지한다.

자석으로 좋은 방향을 점치는 세균

자성 세균*

기준 크기 종류에 따라 다르다.

발육 온도 종류에 따라 다르다.

주요 서식처 지구상의 모든 물이 있는 곳의 진흙 속에 존재한다. 예를 들면 바다나 연못, 늪, 하천 등에 서식.

세균 | 고세균 | 진균 | 바이러스

호기성 | **혐기성**

세포내에 나노 크기의 자석을 만들어서 살기 좋은 환경을 찾는 지침 역할을 한다.

공헌도 ♥♥♥♥♡

위험도 ! (5단계 중 1)

자석을 이용해서 의약품을 정확히 유도하는 연구를 진행하고 있다.

*자성 세균 : Magnetotactic Bacteria 주자성 세균이라고도 합니다. -역자

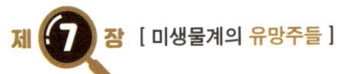

나노 크기의 자석은 의료 현장에서도 이용한다

자성 세균은 몸속에 마그네타이트(자철광)의 결정, 즉 **나노 크기의 자석을 만들어내는 세균**입니다. 현미경을 사용하면 10~20개 정도의 작은 자석이 세포 안에 직선 모양으로 줄지어 있는 모습을 관찰할 수 있어요.

자성 세균은 이 자석으로 지구의 자기를 감지합니다. 북반구에 서식하는 것은 북쪽(S극), 남반구에 서식하는 것은 남쪽(N극)을 향해 헤엄치는 것으로 알려져 있으며, 일설에는 살기 좋은 장소를 찾아가기 위해서라고 합니다. 불어난 물 등으로 원래의 서식지인 물밑의 진흙에서 올라왔을 때 북극점(또는 남극점)을 향해 최단 거리로 헤엄쳐서 결과적으로 진흙 속으로 돌아갈 수 있습니다.

자성 세균에게는 의약품에 대한 응용이 기대되고 있습니다. 자성 세균이 만드는 자석은 매우 작은 데다 표면이 생물에서 유래한 물질로 뒤덮여 있기 때문에 약제 등을 잘 붙게 한다는 특징이 있어요. 이 특징을 이용해 **자석으로 환부에 정확히 유도할 수 있는 의약품 연구를 진행하고 있습니다.**

극점을 향하면 물밑에 도달한다

빨간색 화살표로 표시한 것은 북극점으로 향하는 자성 세균의 진행 방향이다. 최단 거리로 가려고 하기 때문에 결과적으로 물밑에 도달한다.

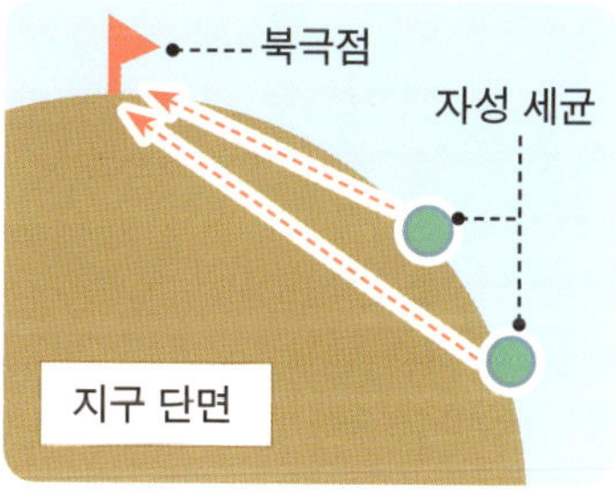

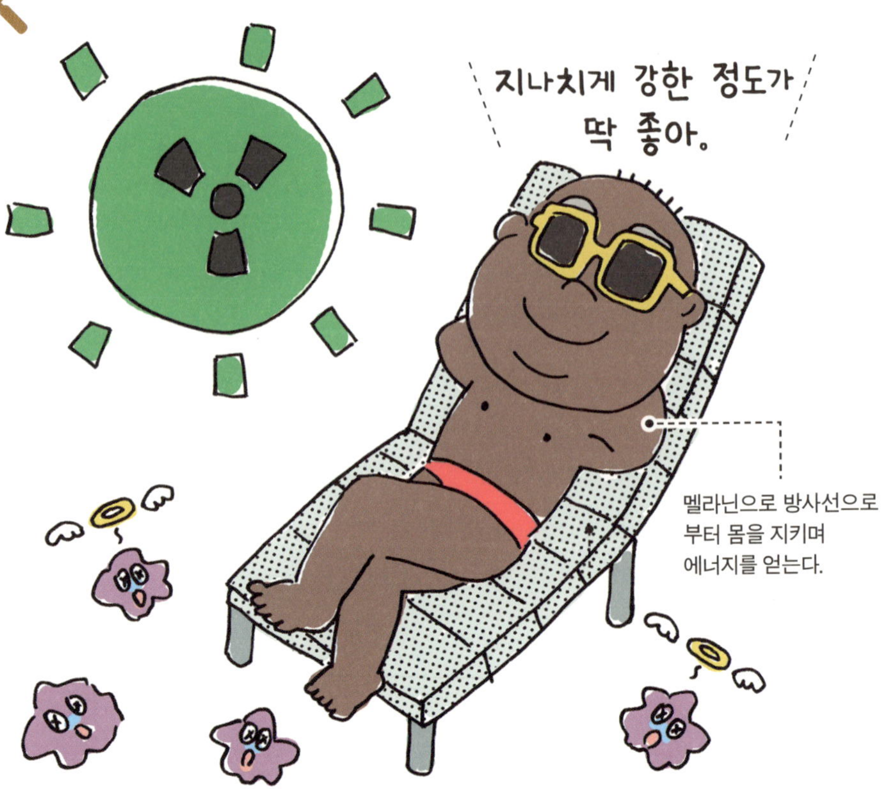

지나치게 강한 정도가 딱 좋아.
멜라닌으로 방사선으로부터 몸을 지키며 에너지를 얻는다.

방사선을 먹는 곰팡이

클라도스포륨 스패로스페르뭄

기준 크기	—
발육 온도	20~30℃ 정도
주요 서식처	체르노빌 원전이 있던 지역 외에도 식물의 표면이나 흙 속, 식품 등에 존재.

세균 | 고세균 | **진균** | 바이러스

호기성 | 혐기성

체르노빌의 원전 사고 현장에서 찾은 검은 곰팡이 무리. 방사선을 에너지원으로 삼을 수 있다.

공헌도 ♥♥♥♡♡

위험도 ❗❗

다른 미생물에서 볼 수 없는 독특한 특징에서 의료 개발에 대한 기대를 모으고 있다.

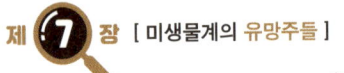

원자력발전소에서 탄생한 곰팡이, 우주로 가다

1986년 현 우크라이나의 체르노빌에서 대규모 원자력발전소 사고가 일어났습니다. 놀랍게도 현장 주변에서 **방사선으로 에너지를 얻은 진균**과 효모 등이 여러 개 발견되었습니다. 그 대표적인 미생물이 검은 곰팡이의 일종인 클라도스포륨 스패로스페르뭄이에요.

큰 특징은 피부가 햇볕에 타는 원인인 색소, 멜라닌을 생성한다는 점입니다. 인간에게 멜라닌은 자외선으로부터 세포를 지키는 역할을 하는데 체르노빌에서 찾은 이 미생물들은 에너지 획득에도 이용하고 있습니다. **마치 식물이 엽록소로 태양 에너지를 받아들이는 것처럼 멜라닌으로 방사선 에너지를 받아들여서 성장합니다.**

곰팡이 중에는 중력이 낮은 환경에서 유용한 물질을 만들어내는 종류가 있다고 판단하는 점에서 **NASA(미국항공우주국)도 이 독특한 미생물에 주목**하는 모양이에요. **2016년에는 ISS(국제우주정거장)에서 배양 실험을 실시했습니다.**

일본의 연구 그룹이 실시한 우주에서의 미생물 실험

일본의 연구 그룹도 우주 공간에서의 미생물 실험을 실시했다. 대표적으로 '미생물을 ISS(국제우주정거장)의 외벽에서 1년 동안 우주 공간에 노출시키는' 실험이다.
놀랍게도 방사선에 높은 내성을 가진 데이노코커스 라디오두란스(Deinococcus radiodurans)라는 세균을 비롯해 세 종류의 미생물이 살아남았다.

Column

유전자 해석 기술의 발달로 꿈이 커지는 미생물 연구는 그야말로 '보물찾기'

누룩곰팡이(P94)나 효모(P96)로 만든 발효식품이나 푸른 곰팡이(P130)나 스트렙토미세스(P132)로 만든 의약품의 개발 등 인류는 미생물과의 만남으로 풍요로운 생활을 얻었습니다. 현재도 수많은 미생물학자들이 신종 미생물을 찾아내려고 날마다 연구를 거듭하고 있어요. 하지만 미생물을 관찰하기 위해서 배지로 증식시키는 배양의 어려움이 연구에 걸림돌이 됩니다.

기존의 미생물 연구에서는 배양한 미생물을 직접 관찰해서 그 특징과 유용성을 조사하는 방법을 채택했습니다. 그러나 이 방법으로는 배양할 수 없는 미생물은 조사하지 못하고 샘플 속에 미지의 미생물이 있어도 존재조차 알 수 없습니다. 그래서 최근에는 PCR 검사를 비롯한 유전자 해석 기술을 이용합니다.

PCR 검사는 DNA를 인공적으로 복제해서 샘플 속에 특정한 미생물이 존재하는지 조사하는 기술이에요. 샘플 속의 방대한 정보 중에서 특정한 DNA만 조사하는 검색 시스템이라고 하면 이해하기 쉽겠지요?

예를 들어 샘플 속에 미생물A가 포함되었는지 확인하고 싶은 경우에는 미생물A만 가진 DNA의 일부분을 대상으로 복제를 시도합니다. 그 DNA가 복제되면 샘플 속에 미생물A가 포함된 것이고 DNA가 복제되지 않으면 포함되지 않은 것을 알 수 있습니다.

이 방법을 응용해서 항생물질을 만드는 능력에 관여하는 DNA를 검색하면 샘플 속에 항생물질을 만들어내는 미생물의 유무를 알 수 있어요. 기존의 배양 기술에 의존한 방법으로는 찾아낼 수 없었던 미생물의 존재를 알게된 큰 진보라고 할 수 있어요.

인류가 지금까지 발견한 미생물은 지구상에 서식하는 미생물 중 고작 1퍼센트에 지나지 않는다고 합니다. 나머지 99퍼센트 중에는 유용한 미생물이 아직도 많을 것입니다. 어쩌면 새로운 미생물의 발견으로 사회 문제를 해결하거나 막대한 이익을 얻을 수도 있어요.

이처럼 미생물 연구는 아직 찾지 못한 보물을 발굴하는 대모험과 같습니다.

용어해설

미생물에 대해 공부할 때 알아두어야 할 기초 용어를 정리했습니다.

RNA
정식 명칭은 리보핵산. DNA와 마찬가지로 당과 인산, 핵산 염기 등으로 이루어져 있다. DNA가 생명의 설계도인 것에 비해 RNA는 DNA의 일부분을 복제하거나 전달 등을 담당한다. DNA를 책 한 권으로 비유하면 RNA는 그 책에서 필요한 페이지만 복사한 것과 같다.

참조 유전자, DNA

유전자
DNA에 있는 정보 중 몸의 구조나 성질 등 생명에 직접 관계가 있는 부분을 가리킨다.

참조 DNA,RNA

아포
일부 미생물이 가혹한 환경에서 몸을 지키기 위해 만드는 단단한 껍질과 같은 구조. 웰치균(P50), 탄저균(P68), 낫토균(P92), 보툴리누스균(P134) 등이 대표적이다.

균사
주로 곰팡이나 버섯에서 볼 수 있는 실 모양의 세포 구조를 말한다.

원핵생물
DNA 등의 유전 물질이 세포 안에서 노출한 생물. 세균과 고세균이 포함된다.

참조 진핵생물

광학현미경
샘플에 비춘 빛을 투과, 반사시켜서 렌즈로 확대해 관찰하는 장치. 배율은 최대 2,000배 정도.

참조 전자현미경

항생물질
다른 미생물의 발육을 억제하는 기능이 있는 물질. 기본적으로는 미생물이 만드는 물질을 가리키지만 인공적으로 합성한 물질을 포함하기도 한다.

참조 푸른곰팡이(P130),
스트렙토미세스(P132)

호흡
생물학, 특히 미생물학에서는 유기물 등을 분해하여 활동하기 위한 에너지를 만드는 것을 말한다.

상재균
많은 사람들의 몸에 공통적으로 존재하는 미생물 중 기본적으로는 병원성이 없는 종류.

참조 2장 기초 지식(P28), 칼럼(P40)

진핵생물
세포 안에 DNA 등의 유전 물질을 핵막으로 감싼 핵이라는 소기관이 있는 생물. 진균이나 원생생물, 동물, 식물이 포함된다.

참조 원핵생물

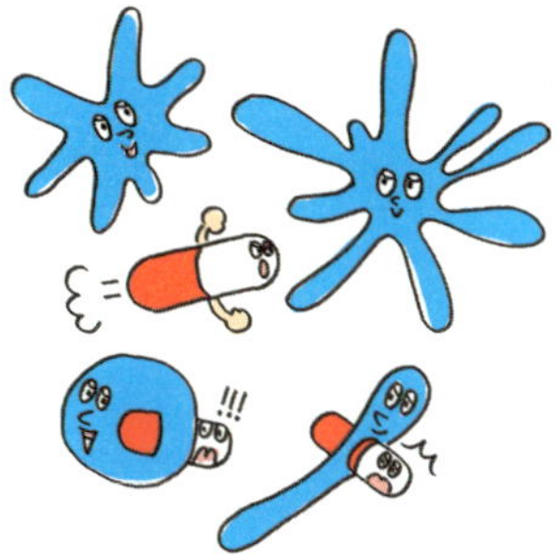

인수 공통 감염증

사람과 다른 동물 사이에서 서로 옮기는 병. 주노시스(Zoonosis)라고 하기도 한다. 광견병(P82)이나 살모넬라증(P136), 쓰쓰가무시병(P60) 등이 대표적이다.

DNA

정식 명칭은 데옥시리보 핵산. RNA와 마찬가지로 당이나 인산, 핵산 염기 등으로 이루어져 있다. 핵산 염기에는 4종류가 있으며 이 배열순서가 유전 정보가 된다. 즉 4글자를 조합해서 쓴 암호문과 같다.

참조 유전자, RNA

전자현미경

전자선을 이용해 샘플을 확대하여 관찰하는 장치. 최대 약 100만 배까지 확대할 수 있어서 광학현미경으로는 관찰할 수 없는 크기의 샘플을 관찰할 때 사용한다.

참조 광학현미경

발효

유기물이 미생물로 분해되어 유용한 물질을 포함하는 식품이 되는 것.

참조 부패, 4장 기초 지식(P88)

팬데믹

동일한 감염병이 전 세계적으로 피해를 가져올 정도로 유행한 상태. 정의가 모호해서 감염자 수나 중증도, 발생 지역의 넓이 등을 통해 종합적으로 판단한다.

PCR법, PCR검사

특정한 DNA만 인공적으로 증폭시켜서 샘플 속에 그 DNA가 포함되었는지를 판단하는 기술.

참조 7장 칼럼(P154)

기회균

사람의 몸에서 좋고 나쁜 균의 총칭. 몸이 약해졌을 때 등은 병을 일으키기도 한다.

참조 3장 기초 지식(P57)

부패

유기물이 미생물로 분해되어 유해 물질이나 악취 등이 발생하는 것.

참조 발효, 4장 기초 지식(P88)

플로라

원래는 특정 지역에 서식하는 여러 종의 식물을 통합해서 가리키는 말이다. 미생물에 이용할 경우에는 여러 종의 미생물이 모인 것을 말한다.

참조 2장 기초 지식(P28)

편모

세포에 갖춰진 털 모양의 소기관이며 이동할 때의 추진력을 만들어낸다. 배의 스크루와 같은 존재다.

백신

감염증 예방을 위해서 투여하는 약화, 또는 무독화한 병원체. 면역 시스템의 예방 연습과 같다.

색인

이 책에서 다루는 대표적인 미생물명, 증상명, 인명, 전문용어 등을 순서대로 정리했습니다.

캐릭터로 이해하는 미생물 도감

초판 1쇄 발행 2022년 12월 5일
글 ★ 스즈키 도모노리
그림 ★ 우디
옮긴이 ★ 김한나
본문 편집 ★ 김영심
펴낸이 ★ 권영주
펴낸곳 ★ 생각의집
디자인 ★ design mari
출판등록번호 ★ 제 396-2012-000215호
주소 ★ 경기도 고양시 일산서구 중앙로 1455
전화 ★ 070·7524·6122
팩스 ★ 0505·330·6133
이메일 ★ jip2013@naver.com
ISBN ★ 979-11-85653-93-8(73470)

품명 어린이 도서 제조년월 2022년 12월
사용연령 4세 이상 제조자명 생각의집
제조국 대한민국 연락처 070-7524-6122
주소 경기도 고양시 일산서구 중앙로 1455
주의사항 종이에 베이거나 긁히지 않도록 주의하세요.
KC마크는 이 제품이 공통안전기준에 적합하였음을 뜻합니다.